AF459806

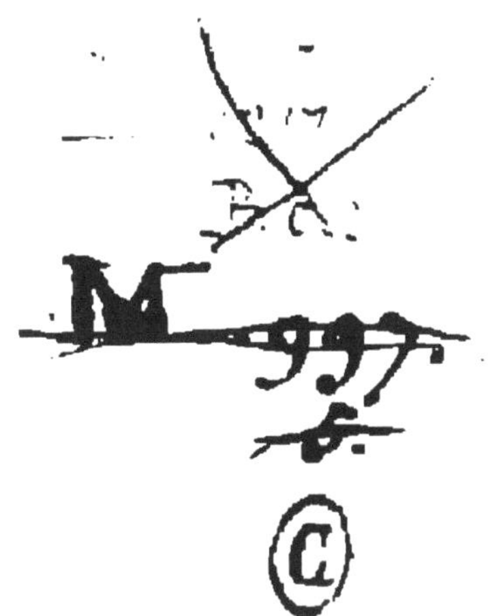

RELATION HISTORIQUE.

FORMANT LA SECONDE PARTIE

DES ANECDOTES

DÉDIÉES

A LA REINE.

ŒUVRES DE L'AUTEUR.

CORRESPONDANCE DRAMATIQUE, ou Mémoires historiques & critiques sur les Spectacles. *in*-8°.

Poème DU LUXE, *in*-8°.

LE THÉATRE DE FAMILLE, 2 Part. *in*-8°.

ŒUVRES MÊLÉES, 2 Part. *in*-12.

MES OPUSCULES en Vers & en Prose, sous presse. *in*-8°.

LE ROI ET LE MINISTRE, ou Henri IV & Sulli. Drame *in*-8°.

RELATION
FIDELLE ET HISTORIQUE,
DU VOYAGE
DE MONSIEUR LE COMTE
DE FALCKENSTEIN,
DANS NOS PROVINCES.
SECONDE PARTIE.

A PARIS.

Chez RUAULT, Libraire, rue de la Harpe.

MDCCLXXVII.

Avec Aprobation & Privilège du Roi.

AVERTISSEMENT.

Cette seconde partie ne sera pas moins intereſſante que la premiere ; le Lecteur y lira les traits de bienfaisance, de générosité & d'humanité de M. le Comte de Falckenstein.

PRÉFACE.

A la fin de la premiere édition des Anecdotes de l'Illustre Voyageur, j'ai promis au Public une relation fidelle de sa tournée dans nos Provinces & ports de mer. Je croirois manquer essentiellement à ce public, qui juge les Magistrats, les Ministres & les Rois ; dont il n'est aucune puissance sur la terre qui n'ambitionne le suffrage, &c. *Disc. imp.* M. Malesherbes. Si je ne lui faisois point paroître aujourd'hui cet Ouvrage, qui nécessairement servira de suite à ma premiere brochure : la seconde édition a été corrigée & même augmentée, quoique j'aye supprimé bien des choses, j'ai tracé aussi la route que devoit tenir notre Illustre

Voyageur ; jusques sur les bords de la Suisse, je finis ma Relation à Genève, ou plutôt à Ferney, dans la célèbre retraite de M. de Voltaire qui y coule des jours heureux & tranquilles, *malgré les envieux, les pédants & les sots*, comme il le dit lui-même.

RELATION FIDELLE ET HISTORIQUE;

INTRODUCTION.

M. le Comte de *Falckenstein* se dispofoit à quitter le séjour de notre Capitale où il avoit visité les cabinets des Sçavants, & les attéliers des Artistes en tout genre : ce Prince s'éloignoit des murs de cette Ville immense, de cette Ville qui renferme dans son sein les chefs-d'œuvres des Lettres, des Talents & des Arts : de cette Ville, comme dit un de nos Poëtes, *où le Français voit Rome & l'Etranger Athènes.* S. M. Impériale emportoit avec elle les hommages respectueux & les regrets de tous les bons citoyens, des vrais patriotes. Il s'approchoit déja de cette petite Ville où Louis *le Grand* a pris naissance : jadis la Cour de nos Rois & qui a servi de retraite & d'asyle à ce Prince malheureux, à ce Roi infortuné (Jacques II.) méconnu des siens, chassé de ses États par ses propres sujets : je veux dire *Saint-Germain-en-Laye.* Puis traversant cette autre Ville, où Louis IX, que l'Eglise a mis au nombre de ses Saints, a fait assembler un Concile national que l'histoire sacrée & profane conserve dans ses fastes sur la dénomination *du Colloque de Poissy*, il s'avance vers les murs de la Capitale de l'ancienne Neustrie, les habitants de cette grande Ville sont dans la plus vive impatience de voir M. *le Comte de Falckenstein*; la renommée a devancé ses pas, ses bienfaits sont connus, tous brûlent de voir le Prince qui dans Paris ſoulagêoit les malheureux converſoit avec les Sçavants, ſe mettoit à l'uniſſon des plus faibles, & qui aimoit tant à ſe confondre avec la foule ; ayant dit un jour ces paroles mémorables, comme nous l'avons déja rapporté, » je ſuis accoutumé » à cela, je vais ainſi tous les jours faire » la cour à ma mere. »

CHAPITRE PREMIER.

Rouen, Dieppe & le Havre.

Je crois devoir rapporter l'avanture plaisante qui arriva au cuisinier du notre Illustre Voyageur à la poste du Vaudreuil ainsi que tous les apprêts de son départ de notre Capitale ; je vais pour cela prendre de plus haut.

Ce fut le Samedi 31 Mai 1777, que M. le Comte de *Falckenstein* partit de Paris, emportant avec lui les regrets d'un peuple éclairé, & qui sait apprécier le mérite, tous ses équipages étoient partis la veille, c'est-à-dire le Vendredi au soir.

On ignoroit positivement le jour du départ de ce Prince, néanmoins on savoit que bientôt il devoit partir, en conséquence M. le Baron d'Ogny ; Intendant général des postes & relais de France, alla lui demander ses ordres pour lui faire tenir prêt les chevaux néceſſaires ſur ſa route. S. M. Impériale le remercia de ſon attention, & lui dit que ne voulant point être annoncé nulle part, il ſe mettroit en chemin lorſque l'objet de ſon voyage ſeroit totalement rempli. Il ſemble que M. le Comte de *Falckenſtein* a voulu ménager la ſenſibilité des Auguſtes Perſonnes qu'il devoit quitter : ſurtout d'une Sœur qui réunit aux graces & à l'affabilité, l'appareil impoſant du Trône.

Notre Illuſtre Voyageur ayant pris la route de Normandie, avant d'arriver à Rouen, paſſa devant la ſuperbe maiſon de *Magnanville*, qui appartient à M. de *Savalette*, & deſira la voir. Il y rencontra l'*Orphée François*, je veux dire le fameux *Gélliotte*, qu'il pria de chanter. On aſſure que la voix de ce virtuoſe n'a rien perdue de ſon éclat : ce qui lui attira les complimens les plus flatteurs de M. le Comte de *Falckenſtein* : enfin nous voici à la plaiſante avanture de ſon *gros* Cuiſinier. Le lieu de la ſcène ſe trouve être à la poſte du *Vaudreuil*, magnifique terre qui appartenoit ci-devant à feu M. le Préſident *Portail*, je commence le récit.

Le Curé du village attendoit depuis pluſieurs jours chez le Maître de la Poſte aux chevaux, pour faire à notre Illuſtre Voyageur un compliment de ſa façon, il ne dormoit point les nuits ; un beau matin il voit de loin s'élever de la pouſſiere, entend des claquements de fouet, des henniſſements de chevaux, en effet arrive une voiture où ſe trouvoient nombre de perſonnes : notre Curé ne doute pas que l'Empereur ne ſoit au milieu d'elles ; il s'adreſſe à celle qui lui paroit avoir la meilleure mine ; & veut abſolument lui débiter ſon diſcours Académique ou non. Le mortel à la groſſe bedaine lui répond fort poliment, qu'il ſe trompe, qu'il n'eſt point l'Empereur ; le Curé imaginant que *l'incognito* eſt la ſeule raiſon du refus, s'excuſe d'abord, enſuite perſiſte & ſupplie même très-humblement S. M. Impériale, de vouloir bien lui faire l'honneur d'écouter sa harangue. Notre *gros* Cuisinier soutenoit toujours qu'il n'étoit point l'Empereur ; mais plus il l'assuroit, moins celui-ci le croyoit. Ne pouvant en un mot détromper le bon Pasteur, le prince de cuisine joue le rôle de Prince de Vienne, écoute avec attention & lui tend deux oreilles qui, dit-on, n'étoient point courtes... La harangue finie, le bon Curé demande à S. M. Impériale par grace singuliere, la permission de lui baiser la main. La permission, la grace, tout lui fut accordé, il se retire très-content, & la voiture part.

O douleur ! ô destin ! voila comme tu te joue des vains projets des hommes ! & le proverbe est bien vrai, qu'il n'est point ici bas de bonheur véritable, de félicité parfaite. Chez les mortels tout est fragile comme eux. Dans le tems que le bon Curé se réjouissoit avec ses amis, ses Paroissiens, d'avoir eu le bonheur, l'avantage de parler à un Prince si grand, si auguste, si magnanime, si... M. le Comte de *Falckenstein* passe. Cette erreur comique a excité la verve de M. le Marquis de *Fulvy*, qui a composé à l'impromptu la chanson que l'on a vu dans la premiere partie.

Combien juste il a le coup d'œil. &c.

M. le Comte de *Falckenstein* arrivé à Rouen, y resta deux jours pour examiner ce que cette ville renferme de plus rare & de plus curieux, entre autres choses son pont de bateaux, & ses Manufactures en tout genre ; je dois joindre ici les détails curieux d'une lettre que m'a fait l'honneur de m'écrire M. le Lieutenant Général de Police de cette fameuse Capitale.

MONSIEUR,

» Vous m'avez engagez à quelque chose qui m'est bien sensible : puisque toutes les fois que mention sera faite de M. le Comte de *Falckenstein*, l'auguste image d'un Prince aussi chéri, aussi rempli de bonté, & dont la bienfaisance surtout fait le caractere », sera toujours présente, & elle le sera aux siécles à venir. »

» J'ai eû l'honneur, Monsieur, & l'avantage d'être présent à l'arrivée de ce Souverain, qui ne parut sensible à l'empressement que l'on avoit de le voir, que par l'acte le plus honnête, & qui ne peut être produit que par le sentiment le plus humain & tout rempli d'égards pour des personnes de la plus grande condition qui se trouvoient assemblées. »

» J'étois dans l'anti-chambre de l'appartement disposé & préparé pour une personne aussi précieuse, lorsque M. le Comte de *Falckenstein* arriva à l'Hôtel de France, rue des Carmes, le Samedi 31 Mai sur les cinq heures & demie après midi, & en passant dans son anti-chambre, ce Prince eût la bonté de tenir son chapeau à la main & de saluer à droite & à gauche toutes les personnes présentes qui étoient dans le plus respectueux silence; à peine le Prince eût le tems de prendre le plus leger rafraîchissement, que par une porte peu connue dans l'Hôtel, il ſe déroba à toutes les perſonnes qui cherchoient de nouveau à voir avec le plus grand empreſſement un Souverain auſſi rare, & ce Prince accompagné de M. le Duc de la *Rochefoucault*, Colonel du Régiment de la Ferre, réſident à Rouen, alla prendre un petit bateau pour aller au Fauxbourg de Saint Sever, ne pouvant paſſer ſur notre pont de bateaux, à cauſe d'un accident qui étoit arrivé à ce pont. Ce Prince alla à la Manufacture de M. *Hokner*, où l'on fabrique tous les ouvrages poſſibles en velours de coton; le Prince parut ſouhaiter beaucoup qu'il y eût dans ſes domaines des Manufactures autant perfectionnées; vous jugerez aiſément, Monſieur, que ces occaſions offrirent autant de motifs de bienfaiſance S. M. I. le Maître de l'Hôtel où le Souverain avoit marqué ſon logement, le batelier, les ouvriers de la Manufacture, tous ont reſſent la plus grande libéralité & les effets de ſa bienfaiſance : il étoit tard quand le Prince rentra. Il ſe coucha, comme accoutumé,

de

de bonne-heure, & il s'étoit proposé de se lever dès le matin. »

» Le Monarque desira aller entendre la Messe chez les Religieux Carmes, qui sont à la proximité de l'Hôtel où il étoit descendu, la Messe de dix heures sût entendue par Sa Majesté Impériale avec la plus grande édification, & Elle se disposoit à partir de très-bonne heure pour aller au Havre; aussi avant huit heures elle étoit partie. »

» C'est ainsi, Monsieur, que nous avons été privés de la présence d'un Prince que nous aurions beaucoup desiré fixer pour un plus long séjour, si nous eussions eû à Rouen des objets dignes de son attention, & nous ne sommes dédommagés que par le souvenir le plus doux & le plus flateur, & qui nous sera toujours bien précieux. »

» J'ai cherché à me rappeller d'autres circonstances que celles ci-dessus; mais ne pouvant affirmer ni assurer, je ne puis ajouter. S'il survient quelques détails circonstanciés, & que je puisse assurer, j'aurai le plus grand empressement, Monsieur, de vous les faire parvenir. »

Je suis avec un profond respect,

Monsieur,

Votre très-humble & très-obéissant Serviteur,

TRUGARD DE MAROMME.

à Rouen le 8 Juillet 1777.

Les Muses Normandes n'ont pas fait des vers à beaucoup près dignes du Prince à célébrer dans un de nos plus beaux jours; mais comme ils ont été faits très promptement, c'est le mérite qu'ils ont.

A M. le Comte de Falckenstein, *Roi des Romains & Empereur, sur l'incognito qu'il a gardé.*

JOSEPH fuit les honneurs, l'éclat du Diadême
Ne le précède pas, oubliant la grandeur,
Paroit-il? Les bienfaits décèlent l'Empereur:
On distingue à ces traits la Divinité même.

Par M. MORTE, Avocat.

CHAPITRE II.

Caen, Dol, St. Malo.

EN entrant à Caen, M. le Comte de *Falckenſtein* s'apperçut qu'on avoit fait de grands préparatifs pour le recevoir : toutes les troupes de la milice Bourgeoiſe étoient ſous les armes, les femmes parées, les Officiers municipaux en robe, &c. Le zele incommode des habitans de cette ville l'a fait paſſer outre. Il s'eſt arrêté à deux lieues au-delà, dans le village de *Villiers*. Il étoit tard ; il ne trouva pour ſouper & pour coucher que du fromage mou & de la paille. Cela ne l'empêcha point de ſouper & de dormir comme s'il eût été dans ſon palais. Ceux qui languiſſent dans la moleſſe, dit un Journaliſte, & qui ne trouvent pas d'édredon aſſez doux ſur lequel ils puiſſent repoſer commodément, n'apprendront pas ſans frémir que le lit de *Joseph II.* est une grande peau de cerf qu'on étend sur le plancher, un peu de paille fraîche dont elle est jonchée tous les soirs, ou si l'on veut, une légere paillasse sur laquelle on place un drap, forme la couche du Souverain de l'Allemagne, & cette couche le suit dans tous ses voyages.

Le 3 du mois de Juin suivant, M. le Comte de *Falckenstein* arriva à Dol en Bretagne vers les dix heures & demie du soir. Le lendemain dès cinq heures du matin, tous les habitans de cette ville entouroient la maison où il reposoit; lorsqu'il parut, son air de popularité, comparé avec sa grandeur réelle, excita une admiration qui ne peut s'exprimer. Il partit le même jour pour S. Malo; il y logea à son ordinaire dans une hôtellerie. Ayant appris que M. *Rose*, revenu depuis peu de l'isle de France, & que M. de *Saint-Marc*, habile négociant, logeoient vis-à-vis de sa chambre, il fut les trouver & s'entretint avec eux du commerce de l'Inde, pendant plus de deux heures. Le premier lui a laissé des mémoires dont il a paru très-satisfait.

Sa Majesté Impériale examina avec la derniere attention la place & le port de cette ville très-fréquentée, & de difficile accès, à cause des rochers qui l'environnent. Ensuite elle prit la route de Brest. Voici ce qui lui est arrivé au village d'Issiniac, je crois que le Lecteur me sçaura gré de cette Anecdote ; je tiens le fait d'un Gentilhomme Breton.

❧

Le 10 Juin jour de l'Octave de la Fête-Dieu, M. le Comte de *Falckenstein* passant en Bretagne *, s'arrêta à Issiniac, petit village à cinq lieues de S. Brieu, ville Episcopale. Son intention n'étant pas de dîner à Saint Brieu, où sans doute beaucoup de monde eût accouru pour le voir, il entra dans une auberge d'Issiniac, où il eut bien de la peine à obtenir à dîner, l'Hôtesse lui ayant dit qu'elle n'avoit qu'un ragoût de veau qu'elle destinoit à un Roulier qui devoit arriver bientôt, & à qui elle ne pouvoit pas manquer. M. le Comte de *Falckenstein* n'obtint une portion de ce ragoût, qu'après bien des demandes, qu'après avoir dit à l'Hôtesse qu'il étoit attaché au Roi, qu'il voyageoit pour des affaires pressées, & qu'il lui payeroit trois ou quatre fois la valeur de son ragoût, qu'assurément il ne mangeroit pas tout entier, d'autant plus qu'il appercevoit quelques poissons dont il se régaleroit volontiers. On ignore combien il a payé ce mauvais dîner, dont nos riches du siécle se seroient bien mal accommodés.

Il se rendit le même jour à Guimguamp ; il se trouva dans l'auberge un jeune homme. M. le Comte *Falckenstein* l'ayant rencontré sur le palier de l'escalier, tandis que l'on disposoit, quelque chose à sa voiture, il le salua, & après quelques propos, & ayant sçu de lui qu'il étoit avocat, il lui fit plusieurs questions sur la coutume & sur les mesures du Pays, sur la maniere d'ensemenſer les terres, ſur leurs productions, ſur leurs différentes récoltes, ſur la variété & la qualité des poiſſons que fourniſſoit la mer des côtes Bretonnes, & ſur différens objets dignes de l'attention d'un homme d'eſprit. M. Comte de *Falckenſtein* lui dit entr'autres choſes, (& tout cela ſe ſçait ſur le raport de l'Avocat.) » Vous avez, Monſieur, dans une grande » partie de cette Province un idiome par» ticulier, dit communément *Langue» Bretonne*. Si quelqu'un de ce canton » ignorant totalement le français, faiſoit » un teſtament olographe en Bas-Breton » ce teſtament ſeroit-il valide ?«

On voit par ces différentes queſtions, que l'Empereur ne cherche qu'à s'inſtruire, & que le motif de ſes voyages n'eſt point de ſe faire voir dans la grandeur. Bel exemple à ſuivre !

CHAPITRE XII.

Brest, Saumur & Nantes.

MONSIEUR le Comte de *Falckenstein* arriva à Brest le 6 Juin. Il y resta quatre jours. Rien n'est échappé à ses regards, il a examiné tout avec la plus scrupuleuse attention : dans un des atteliers de ce port, Sa Maiesté Impériale s'est apperçut d'une machine extraordinaire, qui sert à déboucher le tuyau du canon ; » cela » me manque chez moi, dit-il, je désirerois » qu'un ouvrier fabricateur de cette machine » voulut aller à Vienne, je le récompen» serois suivant son mérite«. Je tiens le fait d'un Officier d'Artillerie ; ce Prince s'est instruit à fond de ce qu'il a voulu connoître dans nos atteliers, & dans nos arsenaux, & a récompensé généreusement toutes les personnes employées pour la manœuvre, & a remercié obligeamment

MM.

MM. les Officiers d'artillerie, du génie, des vaiſſeaux & autres.

Je dois régaler mon Lecteur de l'avanture ſuivante. On rapporte qu'avant d'arriver dans le port de Breſt, Sa Majeſté Impériale fut obligée d'entrer dans un bac pour paſſer un bras d'eau, trois payſannes s'y trouverent avec lui. Comme on étoit prévenu de ſon paſſage, il fut reconnu. La plus hardie des payſannes fut à lui; *Monſeigneur*, lui dit-elle, *vous êtes le biau frere de notre bon Roi.* — Oui mon amie. — *Vous devriez bian lui dire de nous rendre nos hommes qui ſont là-bas ſur le batiau, pour contrebande, ça nous rendroit bian joyeuſes.* Le Prince ſe fit expliquer ce jargon, & il apprit que les trois hommes dont elle vouloit parler, étoient aux Galeres pour contrebande. S. M. I. promit ſa protection à ces pauvres affligées, & écrivit elle-même ſur ſes tablettes le nom des trois hommes détenus à Breſt, pour s'en ſouvenir lorſqu'elle ſeroit arrivée en cette ville.

A Saumur le 18 Juin 1777.

MONSIEUR,

JE me rappelle donc à votre eſprit, en vous envoyant un récit fait à la hâte, mais exact de ce qui s'eſt paſſé à Saumur le 16 de ce mois, à l'occaſion de l'arrivée de M. le Comte de *Falckenſtein*.

Vous devez m'en avoir obligation, car les traits d'humanité & de bonté qu'il renferme, réjouiront beaucoup votre ame.

Vous ſeriez bien aimable, ſi ſans perdre un moment & en donnant à cette relation le coloris de votre plume, vous la faiſiez inſérer dans les Journaux, la lecture en ſeroit bien douce pour les ames ſenſibles & honnêtes.

J'ai l'honneur d'être avec l'attachement le plus ſincére, Monſieur,

Votre très-humble
& très-obéiſſant ſerviteur,

DESMÉ, Conſeiller à la Sénéchauſſée.

» Monsieur le Comte de *Falckenstein* est arrivé à Saumur le 16 Juin 1777, à dix heures trois quarts du matin venant d'Ancenis où il avait couché, ayant dans sa voiture M. le Comte de Colloredo & dans une seconde voiture, M. le Comte de Belgiozo. Les deux autres voitures de la suite de M. le Comte de *Falckenstein* s'en étaient séparées à Nantes & avoient mené en droiture à Rochefort, M. le Comte de Cobentzel & autres personnes de sa suite. Depuis le Fauxbourg de la Croix-verte, ce Prince ne parvint à l'Auberge de la Corne, située sur la place, qu'à travers une foule immense, tant d'étrangers que d'habitans. Il étoit vétu d'un habit puce avec des boutons d'acier, gilet blanc & culote rouge. Loin de se dérober aux regards avides, il affecta de se montrer du dedans de sa voiture très-simple, & fit des saluts avec l'air de la plus grande satisfaction. »

» Sur les premieres nouvelles de la prochaine arrivée de M. le Comte de *Falc-*

kenstein à Saumur, M. le Marquis de Poyanne Commandant dans la province accompagné de M. le Comte de Rochambeau, Maréchal de camp, de M. le Chevalier de Montaigu & de M. le Comte de Bethune, Officiers supérieurs des Carabiniers, s'étoient rendu en son carrosse à l'extrémité du Fauxbourg à la rencontre de M. le Comte de *Falckenstein.* »

» L'Etat Major de la place, l'Officier du Corps Royal du Génie, celui des ponts & chaussées étoient restés & se trouverent sur la principale place où est située l'auberge où descendit M. le Comte, qui permi que les personnes principales le suivissent dans sa chambre. S. M. I. ayant fixé l'uniforme du Lieutenant de Roi, M. de Poyanne lui nomma M. du Petit-thouars Lieutenant de Roi de la place. M. le Comte de *Falckenstein* dit » je ne sçavois pas qu'il y eût une » place à Saumur, » M. de Poyanne lui rendit compte des choses à cet égard.

» M. le Comte de Colloredo ayant dit à M. de Montaigu, que l'on feroit plaisir au Prince de faire retirer un sentinelle que l'on avoit placé à la porte de l'auberge, le sentinel se retira. »

» Tout le monde se porta dans l'auberge ; la cour, les escaliers, le pallier de la chambre de M. le Comte étoient pleins, il sortit de sa chambre & dit, » Messieurs, » je vous demande grace & la liberté de » l'auberge. »

» M. le Comte de *Falckenstein* demanda une demie-heure pour faire sa toilette, puis M. de Poyanne fit monter ce Prince dans sa voiture, alors vêtu d'un uniforme verd, parement & petit collet rouge, veste & culotte chamois. MM. le Comte de Colloredo & Belgiozo, le Lieutenant de Roi à cheval à la portiere, à portée de M. le Comte & sous ses yeux, l'on se rendit sur le terrein où étoient assemblés les huit escadrons de Carabiniers pour manœuvrer. »

M. le Comte de *Falckenstein* arrivé sur le terrein monta à cheval & dit à M. de Poyanne *point de salutation , je vous prie* ; M. de Poyanne ayant promis que non, le Prince lui serra la main avec un signe de remerciement, M. de Poyanne fut se placer à la tête de son Corps & y faire les commandements. »

» M. le Comte de *Falckenstein*, suivi de MM. de Colloredo & Belgiozo, de M. de Rochambeau, du Lieutenant de Roi, d'un Officier supérieur des Carabiniers propre à répondre & à rendre compte, parcourut le front des Carabiniers rangés en bataille, puis les évolutions & les manœuvres commencerent. »

» On a remarqué que pendant les évolutions, M. le Comte de *Falckenstein* avec une rapidité surprenante de coup d'œil & de course, choisissoit & prenoit toujours l'emplacement d'où il pouvoit le mieux obser[illegible] juger les allignements, l'exécution des manœuvres, l'instruction individuelle & motiver ses éloges. »

» Après les manœuvres qui ont duré une heure un quart, M. le Comte de *Falckenſtein* s'eſt rendu aux Cazernes, les a viſité en détail. Il trouva dans les premieres piéces, un nombre infini d'hommes & de Dames qu'il ſalua avec un air de ſatisfaction & de grande bonté ; il s'eſt retiré en particulier, pour examiner tous les plans relatifs aux Cazernes, ponts, chauſſées, digues & abords de Saumur. Le Lieutenant de Roi a été du petit nombre de ceux qui ont été à portée d'admirer avec quelle ſagacité il faiſoit ſes remarques & obſervations & avec quelle juſteſſe il les énonçoit. »

» Il a également viſité les Ecuries & les Bâtimens du Manège. Pendant ſes viſites la garde a été préparée & a défilé devant M. le Comte, ainſi que les huit eſcadrons qui ayant eu le temps de rentrer leurs chevaux, ont défilé à pied en buffles, devant M. le Comte de *Falckenſtein.* »

» Ces opérations finies, M. le Comte de *Falckenſtein* a été reconduit dans ſa chambre d'Auberge, on a servi à dîner, il étoit trois heures un quart. Le Lieutenant de Roi a demandé en sa présence, les ordres de M. de Poyanne à l'effet de sçavoir si on verroit le Château de Saumur. M. le Comte de *Falckenstein* a répondu au Lieutenant de Roi, qu'il étoit trop pressé, voulant aller coucher à Tours. Il est en effet parti immédiatement après quatre heures sonnées, n'ayant guère mis que vingt-cinq minutes à son repas. C'est alors (au départ) que la multitude qui n'avoit plus rien à ménager, s'est livrée aux joyeuses acclamations de *vive le Roi*, *vive l'Empereur*, *vive la Reine*, M. le Comte de Falckenstein a répondu *vive le Peuple*; s'est montré de sa voiture autant qu'il a pu; daignant faire des signes de remerciements, des adieux, & montrer l'extérieur de la plus grande affabilité, ce qui redoubloit les acclamations qu'il eut été impossible d'empêcher.

Il est incroyable quelle multitude d'étrangers s'étoit accumulée à Saumur depuis quatre à cinq jours ; les lits se louoient jusqu'à 6 livres par nuit, les Comédiens donnoient deux représentations par jour : & une salle de redoute, ou bal paré, étoit toujours occupée & animée. Sur le récit qu'on en a fait à M. le Comte, il a ri d'une maniere à faire voir de la satisfaction. »

» M. le Marquis de Poyanne, a beaucoup entretenu M. le Comte de *Falckenstein*, dont il paroit avoir été traité supérieurement bien. »

» Le Lieutenant de Roi a entretenu les Seigneurs Allemands, il a répondu par des indications sures, sur les moyens de passer à Richelieu qu'on vouloit voir, mais il falloit, où du temps de plus, ou faire le sacrifice de Tours. On a préféré de voir à Tours, le pont & l'ingénieuse méchanique de sa construction & S. M. I. dit, *on ne peut pas tout voir.* »

» Le Lieutenant de Roi n'a pu faire parade de ses fortifications, mais il a cru donner de l'importance à la place où il commande, en disant, » qu'elle étoit » une des principales Villes de l'Apanage » de MONSIEUR. »

» M. le Comte de *Falckenstein* a paru faire beaucoup d'attention à l'heureuse situation de cette Ville & au point de vue unique que l'on découvre de dessus son pont, surtout du côté du couchant.

» M. Vivier, Officier du génie, étoit muni d'un Plan & se tenoit à portée de le montrer au premier ordre de M. de Poyanne, qu'il en avoit prévenu. »

Je ne dois pas passer sous silence, les deux traits d'humanité qui feront connoître à l'Europe, combien l'ame de M. le Comte de *Falckenstein* est sensible !

» Un Carabinier étant resté avec son cheval renversé, embourbé dans un bas fond noyé d'eau & dans une grande apparence de danger, M. le Comte de *Falckenstein*, par un mouvement précipité de cette humanité qui lui est si naturelle, parcourut à toute bride un grand espace de terrein, arriva des premiers au secours du patient & lui fit donner quatre louis d'or.

» Quelque temps après, dans une charge un autre Carabinier & son cheval étant tombés & le Carabinier ayant une blessure un peu ensanglantée, il éprouva la même bonté, & une générosité plus considérable, de la part de M. le Comte de *Falckenstein*, ces deux Carabiniers n'ont éprouvé aucune suite facheuse. »

N. B. Je tiens cette relation circonstanciée, de la complaisance de M. Desmé, Lieutenant de Maire de la Ville de Saumur.

CHAPITRE IV.

Tours, la Rochelle & Bordeaux.

M. le Comte de *Falckenſtein*, prit la route de la Rochelle par Tours. Près de cette derniere Ville, eſt le Château de *Veret*, Terre appartenante à M. le Duc d'*Aiguillon*, & que le fameux Abbé de *Grécourt* appelloit ſon *Paradis Terreſtre*. Je ne dois point oublier que S. M. I. voulut en voir les jardins, le parc & les appartements, & qu'elle ajoûta obligeamment ces paroles flatteuſes : » il » ne manque à tout ceci que le Maître » de la maiſon. »

Arrivé à Tours, M. le Comte de *Falckenſtein* alla voir les Manufactures d'étoffes de ſoie & les examina, non moins en connoiſſeur qu'en curieux, nous n'avons reçu aucun détail de la Rochelle, aucune particularité ; il n'en eſt pas de même de Bordeaux, voilà une lettre qui va satisfaire pleinement la curiosité du lecteur.

» Nous avons eu aussi le bonheur de posséder M. le Comte de *Falckenstein*, qui est encore audessus de sa réputation. Ce Prince a témoigné ici une grande envie de s'instruire ; il a été voir l'Hôtel de Ville, la place où est la statue équestre de Louis XV, la Bourse & le Port, dont il a paru assez content.

» S. M. I. n'a point voulut accepter d'autre logement que celui de l'auberge où elle étoit descendue, malgré toutes les instances du Maire & des autres Officiers Municipaux, plusieurs personnes ont été admises au dîner de ce Prince, qui tout de suite a honnoré de sa présence notre spectacle, où on lui a donné une représentation du Baron d'*Albicrac* & de l'Anglais à Bordeaux : il a examiné la nouvelle salle, en a apperçu les beautés & les défauts & en a dit son sentiment. L'Architecte (M. Louis) a confié à plusieurs de nous que M. le Comte de *Falckenſtein* avoit parlé d'Architecture, non ſeulement en connoiſſeur, mais en Maître de l'Art.

» J'oubliois de vous raconter l'Anecdote ſuivante.

Pendant le dîner que M. le Comte fit à l'auberge, & qui ne dura qu'une demie-heure au plus, quelqu'un parlat du cabinet très-riche en *Antiques* de tout genre, appartenant à M. le Préſident de H. Le Prince reprit gaiement ; c'eſt donc un *curieux* ? il doit avoir été ſouvent trompé, car je me ſuis laiſſé dire pluſieurs fois des ſupercheries ſur les Antiques, entre autres un conte que l'on fait ſur deux Officiers qui n'ayant plus d'argent, & ayant perdu leur fortune au jeu, avec les femmes, ou autrement, s'imaginerent de rendre pour *Antiques* des choſes très-modernes.

Un jeune Avocat qui écoutoit ce narré ſortit ſur le champ pour le rimer à l'impromptu ; & il eut l'honneur de préſenter ſon Ouvrage à S. M I. au ſortir de la Comédie ; vous trouverez le conte ci-joint.

LES FAUX ANTIQUAIRES.

Deux libertins d'état & de profession,
Ayant toujours donné cadeaux & fêtes,
Par beau matin se mirent dans leurs têtes,
De rencontrer l'heureuse occasion,
Pour corriger la fortune,
Comme le proverbe dit;
Mauvaise ou bonne, n'importe : une.
Ces gens n'avoient point tort sans contredit
D'ailleurs ne manquoient point d'esprit,
Portoient sur eux de fort beaux reliquaires;
Les voila donc tous dëux faux Antiquaires.
Ils cheminent gaiement vers un Château fameux,
En fort mauvais état, presque tout en ruine
(Excepté cependant la cave & la cuisine,)
Là demeuroit un Seigneur gracieux,
Mais de ces foux qu'on nomme curieux.
Amateur des beaux Arts, & surtout des *Antiques*
En médaillons, en bronzes historiques.
Dès qu'ils sont introduits chez notre connoisseur
Ils déployent tout l'art de leur fecond génie;
Ils pérorent longtems, & d'une voix hardie,
Avec un front d'airain, avec feinte douleur,
Ils osent présenter une vieille lanterne,

Affirmant être encore celle de Diogène ;
Notre bon idiot la paye cent écus,
Le ſabre de Démoſthènes,
La robe de Calligènes,
Ils reçoivent de l'or pour celà tant & plus.
Des vaſes mutilés, des colomnes rompues,
D'affreux cailloux, de vilaines ſtatues,
Que nos fripons vendent à bel argent
Sec, net & comptant ;
Qu'ils jurent par le ciel provenir de la Grèce.
(Nous voyons le bonheur tenir lieu de ſageſſe)
Car c'étoient des morçeaux & de vieux pots caſſés,
De toutes les façons, qu'ils avoient ramaſſés :
Il faut bien quelquefois payer de hardieſſe,
Et ſçavoir profiter du temps.
Mes deux drôles s'en vont ſatisfaits & contents,
JOSEPH ! vive l'eſprit, & non pas la fineſſe.
» O foux ! mille fois foux ! avec toi, diſont mieux,
» Bien ſots ſont tous ces gens qu'on nomme *Curieux*.

Envoi de l'Auteur à M. le Comte de Falckenſtein

Prince dont le génie étonne l'Univers,
Daigne favoriſer ces vers,
Pardonne à mon audace extrême,
D'oſer coudre la rime à ta proſe ſuprême.

Voilà plusieurs pièces de vers, que nos Poètes Bordelois ont osé présenter à M. le Comte de Falckenstein.

FABLE ALLÉGORIQUE.

Le gouteux guéri.

Je souffre tout le jour, & ne dors point la nuit,
Par un conte moral égayé moi l'esprit,
Disoit un soir un gouteux moraliste
A son voisin excellent fabuliste,
Très-volontiers, lui répart cet ami :
Notre Poète lors commence ainsi,
» Il étoit une fois un Roi de Sibérie,
» D'autres disent de la Syrie,
» (Les Historiens sur ce point,
» Par malheur ne s'accordent point.)
» Ce prince, disent-ils, eut la tête coeffée,
» De rendre enfin tous ses peuples heureux.
Tu me veux donc faire un conte de Fée,
Interrompit à l'instant le gouteux,
La soif t'étouffe, & la faim t'accompagne !
Tout beau, répond l'apprentif d'Appollon
Refléchissez, voyez JOSEPH second,
Roi des Romains, Empereur d'Allemagne ! ..
Je l'avouerai, le moderne *Titus*,
Qu'avec justesse en tous lieux on renomme,

Sçait réunir les talents, les vertus
Du Monarque & de l'Homme,
De ſon Empire il rend le Français amoureux ;
Ami ! Je vais dormir, & je ſuis trop heureux.

Autre vers à L'EMPEREUR.

Monarque vraiment grand, Prince vraiment ſublime !
Vous acceptez la proſe & rejettez les vers,
Seroit-ce, cadédis ! par mépris pour la rime ?
Acceptez les écrits de nos Poètes divers
(Ne craignez pas au moins que je vous en impoſe)
Et votre Majeſté n'aura que de la proſe.

Je ſuis très-parfaitement, &c.

CHAPITRE V.

Fontarabie, Saint-Jean-de Luz, Saint-Sébastien & Bayonne.

.... La journée d'hier a été pour moi aussi agréable & glorieuse que fatigante, mais j'ai passé depuis une bonne nuit qui m'a délassé, & il ne m'en reste aujourd'hui que les agrémens : nous partîmes de S. Jean-de-Luz, l'Empereur, M. de Coloredo, M. de Belgiozo & moi, sur des chevaux de poste, accompagné seulement d'un domestique de l'Empereur, de mon Ingénieur géographe, & du postillon de la poste pour nous rendre avant six heures du matin, d'abord au fort d'Andail, dernier poste de France, dont nous examinâmes les batteries qui avoient été ou dû être établies dans cette partie contre Fontarabie, lorsqu'il fut pris par les François. De-là, nous allâmes à Fontarabie, entrâmes dans la place, reconnûmes le vrai point d'attaque & la bréche par où les François étoient entrés ; nous la trouvâmes bien réparée, & la place en bon état, mais ſeulement gardée par une compagnie d'Invalides ; ce que je fis remarquer à l'Empereur, comme étant plus que ſuffiſant dans la ſituation actuelle entre la France & l'Eſpagne. »

» En arrivant à Andail & à Fontarabie, nous trouvâmes partout les Invalides des deux nations bien en régles, & il fut traité partout avec toute la diſtinction & les attentions poſſibles, mais ſans affectation ni aucun eſpéce d'honneur. »

» J'avois fait amaſſer dans la nuit un pareil nombre de chevaux de poſte, que nous changeâmes à la poſte de Fontarabie, & ſur leſquels nous nous rendîmes dans un village appellé *Leſſo*, où nous nous embarquâmes ſeulement, l'Empereur, M. de Colloredo, M. de Belgiozo & moi, & les ſelles de nos chevaux dans un petit bateau, conduit par deux femmes, ſelon la m. de du pays, *dans la Baye du passage*, d'où l'Empereur voulut aller examiner l'entrée, ainsi que plusieurs gros vaisseaux de Compagnie de la Carajas, qui y sont prêts à charger, & dont l'un étoit tout prêt à mettre à la voile. Pendant que nous faisions cette promenade sur l'eau & cet examen, nos chevaux, conduits par mon Ingénieur, le domestique de l'Empereur & le postillon avoient filé le long de la côte, moitié sur terre & moitié sur l'eau, & enfin trouverent là des bateaux pour revenir nous retrouver sur l'autre bord du passage où nous avions débarqué, où l'Empereur accommoda lui-même sa selle pour remonter à cheval & suivre notre route jusqu'à Saint Sébastien, à la vûe duquel nous arrivâmes vers les dix heures du matin par le soleil le plus vif & le plus chaud; l'Empereur m'ayant donné lui-même le prétexte de m'annoncer quelques pas en avant, m'ayant dit qu'il seroit bien aise (quoique sans recevoir aucun honneur) de voir manœuvrer quelques troupes Eſpagnoles, en lui diſant que cela ſeroit ; je baiſſai la main à mon cheval ; & comme l'on nous avoit vû venir de loin, je trouvai tout en régle, & le colonel du Régiment de Navarre à la porte, qui me dit que ſon Régiment étoit tout arrangé & prêt à faire l'éxercice, ſi je voulois ; de maniere qu'étant retourné ſur le champ au-devant de l'Empereur qui étoit déjà ſur les premiers ouvrages avancés, n'ayant jamais diſcontinué ſon galop, je le menai à la porte où il trouva comme par haſard le Lieutenant de Roi ou Gouverneur ; qui s'appelle *Lace*, & quelques Officiers que j'eus l'honneur de lui préſenter ; & comme on lui dit que le Capitaine Général commandant dans la Province de Quipuſcoa, qui réſide à Saint Sébaſtien, ne pourroit le voir, parce qu'il étoit retenu par la goute, il demanda ſon nom (quoique je le lui euſſe déja dit), & ayant appris que c'étoit M. de *Baſſecour*, frere de Madame de *Gonzales*, qui étoit Gouvernante des Infantes de Parme, & qui par conséquent l'avoit été de sa premiere femme, il dit tout haut, après me l'avoir dit tout bas : » Puisque c'est M. de *Bassecour*, » j'ai trop de raison d'aller le voir pour » ne pas me rendre chez lui. » Ce que nous fîmes sur le champ, & où je lui présentai les Alcades (*) en robes de cérémonie, avec leurs baguettes ; un Directeur de la Compagnie de Caracas (*) ; quelques autres Officiers principaux, la femme du Gouverneur, & celle du Colonel du Régiment de Navarre, qui se trouva fort de ma connoissance, étant niéce de mon ami, M. d'*Arragori*, & je ne lui laissai pas ignorer que son mari étoit descendant par femme de *Montesuma*. Nous fûmes ensuite examiner le

(*) Ce sont les Maires & Echevins des villes Espagnoles.

(*) C'est une compagnie privilégiée pour la Province de Caracas dans l'Amérique près de la Baye.

port de Saint Sebaſtien, les magaſins de Cacao & de fer, & enſuite nous ſortîmes de la ville pour aller voir manœuvrer le Régiment de Navarre, qui fit toutes ſortes d'évolutions, ſur leſquelles il me diſoit confidemment ſon avis à chaque manœuvre, & dont en tout il m'a dit avec toute vérité, avoir été auſſi content que d'aucunes troupes qu'il y aie vû; ce Prince eſt connoiſſeur, & je ſuis flatté, d'avoir penſé comme lui à cet égard, ce qu'il m'a permis de dire au Roi d'Eſpagne, ce trait lui fera certainement grand plaiſir. »

» Après que l'Empereur eut aſſez vû manœuvrer, il me propoſa de laiſſer repoſer la troupe, & de nous remettre en chemin pour revenir dîner à Saint Jean-de-Luz. J'avois fait partir dans la nuit mon caroſſe attelé de ſix mules Eſpagnoles, qui doit me conduire à Madrid, pour ſe tenir prêt à Saint Sébaſtien, au moment où l'Empereur voudroit partir, afin qu'il nous conduiſit à toutes jambes, pour lui donner une idée de la façon dont on peut-

voyager en Eſpagne pendant cinq lieues de ſuite, d'un chemin très beau, qui ſe trouve depuis Saint Sébaſtien juſqu'à Yron. En effet, nous y montâmes aux acclamations de tout Saint Sébaſtien, que nous avons laiſſé dans l'enchantement de la viſite de l'Empereur, de ſon affabilité & de tout ce qu'il y a fait & dit. Comme je dis à l'Empereur, en lui faiſant voir mon caroſſe : » Voilà le caroſſe de M. » le Comte. « Il m'en fit en effet les honneurs en me faiſant celui de m'ordonner de me mettre à côté de lui. & il m'a paru très-content de ce voyage, que nous fîmes en trois heures, malgré les fréquentes montées & deſcentes où l'on ne peut néceſſairement aller que le pas. Nous paſsâmes enſuite en bateau le Bidaſſois, qui ſépare l'Eſpagne d'avec la France, & nous remontâmes ſur le bord François, ſur les trois relais de chevaux de poſte, pour venir dîner ici, où nous arrivâmes ſur les cinq heures & demie du ſoir, & où nous nous mîmes ſur le champ à table nous quatre, vis-à-vis d'un dîner de cabaret fort bon pour Saint-Jean-de-Luz, & pour la faim que nous avions ; ce Prince voulut que je fusse à côté de lui, non, je ne puis exprimer ses bontés ! l'Empereur est repartit à sept heures du soir sur d'autres chevaux frais, pour aller coucher à Bayonne, & en m'ordonnant de rester ici pour faire mon voyage. «

» L'Empereur vouloit que je lui donnasse des lettres, (*) pour qu'on ne l'arrêtat pas comme espion ; il a fait toutes les façons du monde pour me permettre de l'accompagner, sous prétexte que je serois trop fatigué de le suivre à cheval, & j'ai été obligé de lui dire que c'étoit mon chemin, pour qu'il consentit à me mener avec lui pour lui servir d'interpréte & d'introducteur en Espagne ; le Lecteur doit reconnoître à

(*) C'est toujours M. le Duc de Crillon qui parle.

ces traits, la bonté du caractere, & la sensibilité d'ame que ce Prince a témoigné pendant son séjour à Paris.

M. M. le Duc de *Crillon*, les Comtes de *Belgioso* & *Colloredo*, compagnons de voyage de M. le Comte de *Falckenstein*, furent très-fatigués. Sa M. I. ne parut jamais altérée : l'Empereur est infatigable ! Néanmoins, il est convenu que cette journée étoit une des plus fortes. Personne à Saint Jean-de-Luz, & à Saint Sébastien, ne pouvoit comprendre que M. le Comte de *Falckenstein* pût faire tant de chemin, & voir tant de choses, avec de si profonds détails, & en si peu d'heures.

» On a trouvé, *ajoute le Duc de Crillon*, dans ce Prince une sensiblité d'ame & des principes d'honnêteté qui le mettent bien au-dessus des qualités que la France admire en sa personne, de son esprit & de ses connoissances, quoique véritablement élevées ; c'est un homme dans toute l'étendue du mot, un grand Prince. »

Dans la lettre que Madame la Duchesse

de *Crillon* a eu la bonté de nous communiquer : il se trouve cette apostille : nous croirions manquer à la confiance dont le Public nous honore, que de l'obmettre.

N. B. » Tout ce que nous avons entendu dire de sa magnificence à Paris est surement véritable ; je l'ai vû en effet jetter l'or partout où nous avons été : & jusqu'à mon laquais, qui l'a éprouvé, pour avoir monté une seule fois derriere son carrosse, ce Prince lui a donné (faisant encore la politesse que je n'en visse rien) une piéce de quatre pistoles, c'est-à-dire huit livres argent de France. Il me demanda la permission de donner au Cocher Espagnol trois *allarandona*, ce qui fait dix louis à peu près, & une petite de deux pistoles au postillon.

Il jettoit également les piéces de quatre pistoles en passant les barques : ainsi qu'aux postillons de la poste Françoise ou Espagnole. »

» A l'auberge de Saint Jean-de-Luz, où je l'avois conduit pour sa couchée, &

le dîner (qui eſt le ſeul repas que nous ayons pris), S. M. I. après avoir demandé le compte qui montoit à quatre louis environ , pour lui & ſes domeſtiques ; elle le paya d'abord , puis donna à l'Hôteſſe trois cens *Berquerolles* , & quatre-vingt livres aux ſervantes & valets. »

On remarque encore que le tout a été payé en argent d'Eſpagne.

Quelle obligation le public n'a-t-il point à M. le Duc de *Crillon* , Lieutenant Général en France , & Lieutenant-Général en Eſpagne , de ces détails précieux , de ces anecdotes vraiment intéreſſantes pour les ames ſenſibles , que ſa reſpectable épouſe a bien voulu me communiquer.

CHAPITRE VI.

Toulon, Marseille.

MONSIEUR le Comte de *Falckenstein* a visité ces deux villes avec la même attention que toutes celles où il a passé, & avec la même curiosité qu'il a montrée dans notre Capitale.

Monsieur le Comte de *Falckenstein* s'est trouvé dans Toulon avec Monsieur *, Frere du Roi, le 4 Juillet, & à son arrivée ce Prince a été visité par M. le Comte de *Falckenstein*.

Le lendemain cinq dudit mois, notre Illustre Voyageur fut voir les premieres manœuvres d'un vaisseau nommé le *Caton*, qu'on jettoit à l'eau : il étoit placé à l'amphithéâtre auprès de MONSIEUR. Ces

(*) L'Auteur de cet Ouvrage, travaille à la relation du voyage de MONSIEUR.

deux Princes ont beaucoup applaudi à l'activité des ouvriers, & à l'ensemble des opérations que M. le Chevalier de Fabri dirigeoit.

Je n'ai plus rien à apprendre à mes Lecteurs touchant la premiere de ces deux villes, malgré les peines & les soins que je me suis donnés. Il n'en est pas de même de Marseille, grace à M. le Président de *Saint Paul*, au Parlement d'Aix en Provence. Voici l'anecdote telle qu'il a eu la bonté de me l'envoyer, je ne changerai rien au stile, crainte de le gâter.

» Le 14 Juillet dernier, mon oncle m'écrivit d'une terre qui n'est éloignée que d'une lieue du bac de Nover, où l'Empereur devoit passer, qu'il avoit fait prévenir le Maître de la poste de Saint Andiole de l'avertir de l'heure où le Prince devoit passer; il se rendit le 13 Juillet sur les bords du bac de Nover avec sa fermiere & sa fille, jeune & jolie, âgée de dix-sept ans; dès que M. le Comte de *Falckenstein* apperçut mon oncle, il demanda au postillon qui ils étoient, il lui dit qu'il étoit un Seigneur du voisinage. L'Empereur s'approcha de mon oncle, le salua, & comme il vit que mon oncle n'avoit pas mis son chapeau, il eut la bonté de lui dire de le mettre sur sa tête, & il obéit. Le Prince lui demanda s'il alloit à Avignon, & qui étoient les Dames qui l'accompagnoient ? Il répondit que c'étoit ses fermieres; M. le Comte lui dit. » Ah ! M. je ne vous plains pas, il ne vous faudroit que vingt-cinq ans de moins, il y auroit de quoi faire de la bonne besogne ; » le badinage dura quelques momens sur ce ton : comme il faisoit un gros vent ce jour-là, il emporta le manteau & la palatine de la fille de la Fermiere. L'Empereur en badinant voulut l'empêcher de les relever, & dit à cette fille, qu'elle étoit bien bonne à voir de cette façon ; & comme on arriva sur les bords du Comtat, il salua ces Dames & mon oncle fort gracieusement, & monta dans sa voiture.

Voilà, Monſieur, l'annecdote telle qu'on me l'a mandée, & très-flatteuſe pour mon oncle & ſes Fermieres. »

A cela je dois joindre le billet que le député du Commerce de Marſeille m'a fait l'honneur de m'écrire.

» M. Roſtagny a reçu à la campagne le billet que Monſieur le Chevalier du Coudray lui a fait l'honneur de lui écrire ; il ne peut lui communiquer aucune eſpéce de détail ſur le ſéjour de l'Empereur à *Marſeille*, il eſt très-fâché de n'être point à porté de fournir des matériaux pour un Ouvrage auſſi intéreſſant que les anecdotes d'un Prince qui nous eſt cher à tant d'égards. »

Le Lecteur peut s'appercevoir quelle précaution j'ai priſe pour ſçavoir la vérité des faits, la certitude des anecdotes, & avec quelle ſageſſe j'en ai fait uſage. Les perſonnes les moins ſuſceptibles me ſçauront bon gré de ma délicateſſe. Je finirai ce Chapitre par une piéce de vers d'un Académicien de cette ville.

Vers à M. le Comte de Falckenſtein.

L'Esprit Français vainement ſe propoſe
De t'adreſſer des vers & de la proſe :
Tu rejettes chacun ; le renvoie à l'écart.
Je me ſuis dit alors tout bas à part,
Ce ſage arrêt, terrible pour ma verve,
Doit avoir un vrai ſens que j'ignore, ma foi !
Prince ! ſeroit-ce donc que rimer malgré toi ;
C'eſt rimer malgré Minerve.

L'*incognito* que garde ſcrupuleuſement ce premier Souverain de l'Europe, lui a fait refuſer tous les honneurs qu'on auroit voulu lui rendre dans ces deux villes.

CHAPITRE VII.

Notice historique & géographique, sur le Comté de Falckenstein.

PLUSIEURS Critiques m'ont reproché d'avoir mis cette notice au bas de la page, je répare cette faute.

Falckenstein est un Comté d'Allemagne, contigu au Comté de *Bikche* sur les confins de la Basse Alsace. Il appartenoit ci-devant au feu Duc de Lorraine : il y a un bourg & un château de même nom : mais depuis l'année 1735, *Falckenstein* appartient à l'Empereur, au moyen de la réserve qui en a été faite dans le traité de Cession.

Ce fief de l'Empire situé vers les confins de la Lorraine & de l'Alsace, est resté par les Traités, en propriété au feu Empereur *François I*, lors de l'échange de la Lorraine. Ce Prince qui n'étoit alors que Grand Duc de Toſcane, voulut conſerver un fief immédiat, un Etat *d'Empire*, un radical au moyen duquel il reſtoit Membre du Corps Germanique, & par conſéquent un ſujet éligible pour la Couronne Impériale. Ce radical fut le Comté de Falckenſtein, du *Cercle de Souabe*, par lequel les Ducs de Lorraine avoient toujours été co-Etat de l'Empire, comme ayant voix & ſéance au banc des Comtes de ce Cercle. C'eſt d'ailleurs le plus ancien patrimoine de la Maiſon de Lorraine, & pluſieurs Hiſtoriens & publicites Allemands qui la font deſcendre de celle d'Alſace, branche cadette de celle des Ducs de Zevinghen, croyent que le Comté de Falckenſtein étoit l'appanage de la branche de cette Maiſon dont ſut iſſus Gérard d'Alſace, premier *Duc & Marchis* de Lorraine, en 1060.

Lettre du 23 Mai 1777.

A M. LE COMTE DE FALCKENSTEIN.

MONSIEUR LE COMTE,

Quoi ! j'entendrai toujours dire l'Empereur ! cela eſt bon pour ceux qui ſont frappés de la ſplendeur du rang, ou qui veulent juger de tout, & qui ſe trouvent toujours dans un mauvais point de vûe. Mais moi plus attentif, qui me tient à quelque diſtance de vous, & qui oſe vous regarder avec des yeux d'aigle, je vois l'homme, & j'oublie la Majeſté Impériale, pour ne m'occuper que de votre humanité ; cette vertu touchante, dont le principe eſt dans le cœur : cette vertu univerſelle, qui vous unit au monde entier.

Tel, qu'Athènes jadis, l'ornement de la Grèce,
Vit, pendant quarante ans, de ſa haute ſageſſe,
Périclès couronné de lauriers toujours verds,
Remplir tout l'Univers.

Tel, des bords du Danube aux rives de la Seine,
Dont les eaux serpentent sans peine,
Tu marches d'un pas ferme & sûr,
Dans le vrai chemin de la gloire.
Ton ame à la chérir goûte un plaisir plus pur
Que s'il falloit vôler de victoire en victoire.

Par un rafinement de politique vous aimés à être inconnu, quoique connu parfaitement des Dieux. Quelle satisfaction ne ressentés-vous pas en voyant ceux qui vous approchent le plus souvent de près, se tromper sur votre compte, quand vous visitez les Académies, les Bibliothéques publiques, les beautés de l'Art, les Hôpitaux, asiles sacrés de la misére, & autres monumens érigés en faveur de l'humanité, & généralement tout ce qui peut satisfaire la curiosité? Le mystere de votre conduite n'échappe cependant point au spectateur attentif, & à quelques génies du premier ordre. C'est sans doute pour mieux vous conduire vous-même de plus en plus à la connoissance du vrai, & à l'amour de la vertu; ajouter encore à la ſcience que vous avez de l'eſprit & des mœurs des Etats que vous parcourés; en un mot, aſſocier à votre expérience dans le dur métier de la guerre, & ſur-tout dans l'art des fortifications, & de lever des plans, toutes les parties qui peuvent être utiles à un Prince moins jaloux de vivre que de faire le bonheur de tout un peuple.

Heureux celui, dont le Trône eſt l'aſyle
De l'Orphelin & du pupile,
Qui buvant à longs traits dans la coupe des Dieux
Sçait dompter des méchans l'orgueil ambitieux;
Dont l'auſtère vertu s'armant contre le crime,
S'attache à protéger le juſte qu'on opprime.

Surtout, Monſieur le Comte, tenez-vous, de grace, aſſuré, que ſans avoir la manie des vers, je ne me ſuis jamais livré à ce genre d'amuſement que je n'aye ſenti un plaiſir ſecret à rendre hommage à la vérité que vous ſçavez être un bien qui appartient à tous les hommes. Ce fut elle qui conduiſit ma plume en faiſant quelques vers mis au bas d'une gravure représentant le Roi & la Reine, chacun dans un ovale. C'est encore elle-même qui m'a dicté trois petites piéces que tout m'a fait un devoir d'offrir dans le tems à MONSIEUR, mon Auguste Protecteur, comme le pur effet du sentiment & de la reconnoissance en moi.

Vivez, MONSIEUR LE COMTE, vivez. Puisse même le Ciel respectant la trame de vos jours, étendre votre carriere au-delà du cours ordinaire de nos jours mortels. Jouissez à jamais du bonheur inestimable d'être chéri d'une Sœur adorée, l'amour & les délices de la Nation de votre Sœur, NOTRE AUGUSTE REINE, que vous aimés vous-même tendrement.

Qui sait mieux enrichir les biens de la nature?
Oui, son ame est la tienne, elle est noble, elle
est pure;
C'est le plus beau présent qu'elle ait reçu des
Cieux:
Il coûte moins, il vaut bien mieux,
Que le plus riche Diadême.
Télémaque nouveau, ton Mentor, c'est toi-
même.

Je

Je vous supplie, M. le Comte, d'agréer avec bonté mes très-profonds respects.

Par M. d'OFFREVILLE, Ecuyer, Porte-Mateau de MONSIEUR.

Vers, pour mettre au bas du portrait de l'Empereur JOSEPH II.

Protecteur des beaux Arts, & du vrai seul épris,
Il se montra sans faste au milieu de Paris.

Par M. DUPERRON.

Autres vers, pour être mis au bas du portrait de l'Empereur.

Un Empire jadis suffisoit aux Césars,
Le pouvoir de JOSEPH s'étend bien davantage;
Conquérir tous les cœurs est son moindre avantage.
Par son génie encore, il règne sur les Arts.

Par M. le Chevalier de CUBIERES, Ecuyer de main de Madame la Comtesse D'ARTOIS.

CHAPITRE VIII.

Anecdotes obmises dans la premiere & seconde édition.

ON aime à sçavoir les faits les moins intéressans, les actions les plus petites d'un Prince vertueux : pourquoi cela ? C'est que tout est grand dans un grand homme. Je voudrois aussi posseder plus de talents pour célébrer, & avoir un stile plus correct, plus élevé pour crayonner les traits de la vie privée de JOSEPH II.

✱

Quelques grands Seigneurs Allemands, indignés d'être confondus avec le peuple dans les promenades, pressant l'Empereur de l'en exclure : il leur répondit : » Si je ne voulois voir que mes égaux, il » faudroit que je m'enfermasse dans le » Caveau des Capucins, où reposent » mes Ancêtres : j'aime sans distinction

» tous les hommes, & je préfere ceux » qui ont de la vertu & des talents, à » ceux dont le mérite est de compter des » Princes parmi leurs ayeux. »

⁂

L'IMPÉRATRICE REINE, *Marie-Thérese*, de concert avec JOSEPH II. avoient déja réformé l'étiquette Allemande, en admettant à sa table toutes les Dames & tous les Officiers dignes de l'être, ou qui jouissent d'une certaine réputation.

⁂

VOICI un trait de bienfaisance très-éclairée, je le tiens d'une personne de Vienne; il roule sur un Officier comptable des deniers de la cassette de l'Empereur ou de ses finances. Ce Trésorier en rendant ses comptes, il se trouva y manquer dix-sept à dix-huit mille livres, pris par lui. Aussitôt le premier Ministre fit arrêter cet homme pour lui faire son procès; & néanmoins le fit conduire en prison.

Ce Financier avoit une femme & quatre enfans : cette tendre épouse, dans le plus grand chagrin & dans l'allarme, peut-être de la punition du crime de son mari, présenta un placet à l'Empereur, où elle lui exposoit sincerement son état triste & malheureux : elle finissoit par lui demander la grace de son mari en faveur de ses quatre enfans. Sa M. I. se fit en secret rendre compte par son Ministre de la vérité du fait, de la nature de la faute du coupable, & demanda quels étoient les appointemens qu'on lui donnoit : on lui rendit un fidele compte de toutes ces choses.

Ce Prince ayant reconnu que les gages que ce Trésorier touchoit étoient trop modiques pour faire subsister honnêtement lui, sa femme & ses quatre enfans, prononça que ce que cet homme avoit pris dans la cassette, n'avoit été que par la dure nécessité où il avoit été de le faire pour vivre & donner du pain à sa nombreuse famille, en conséquence ce *Titus* moderne, ce *Marc-Aurele* des Germains, pardonna à ce Trésorier, lui augmenta même ses appointements ou gages, & le continua dans sa place.

❦

Ce traitde bienfaisance me paroît admirable; il est presque inconnu, néanmoins il mérite non seulement d'être publié, mais encore d'être vanté par toute l'Europe.

❦

A ce trait de grandeur d'ame, j'en joindrai un autre à peu près pareil arrivé en France, & qui montre combien M. le Comte de *Falckenstein* respecte l'homme. Voici le fait.

Joseph II. a donc gardé toujours le plus grand *incognito* dans notre Capitale; le jour qu'il fut à Chantilli, il s'arrêta pour dîner dans un petit village nommé *Merloup*. S. M. I. étoit accompagnée de M. le Comte de *Merci*, son Ambassadeur, les Comtes de *Belgiozo* & de MM. de

Copbenzell. Après s'être promenés longtems, leurs souliers étoient poudreux, la femme de l'auberge voulut essuyer ceux de l'Empereur, & l'Empereur ne le voulut pas souffrir. Je regarde cette action comme un trait d'humanité le plus grand, le motif est noble, du moins c'est ainsi que je le sens.

❋

Voici un autre trait qui marque la beauté de son ame, la noblesse de ses procédés. Ce Prince étant à Florence, voulut partir nuittamment pour Rome, il envoya chercher des chevaux de postes, ils étoient tous retenus pour un *Anglois* ; il envoya une seconde fois prier le Maître d'en détacher quatre seulement ; le Milord prononça qu'il les gardoit tous. » Eh bien ! » dit M. le Comte de *Falckenstein*, je ne » partirai que demain matin, quand les » chevaux seront revenus. »

❋

Le commencement de cette anecdote suffiroit seul pour appuyer mon sentiment & ma vénération pour JOSEPH II, mais la suite achevera de me justifier aux yeux des personnes justes & éclairées : je reprend sa suite.

M. le Comte de *Falckenstein* arrivant à Rome descendit chez la Princesse *Justiniani*, qui fut fort étonnée de le voir, en lui disant que S. M. I. n'étoit attendue que dans trois jours. » Je serois encore » arrivé plûtôt, dit le Prince en riant, si » j'avois pu trouver des chevaux de poste » à Florence, mais un Anglois les avoit » tous retenus. Il ne m'a pas été possi- » ble — *Ah !* Sire, dit un Seigneur qui se trouvoit dans l'appartement de la Princesse, *que je suis humilié*, &c. &c. — » Point du tout, réplique M. le Comte de *Falckenstein*, vous étiez pressez, je ne » l'étois pas : d'ailleurs, j'étois chez » moi il falloit bien que j'en fisse les » honneurs. »

⁂

Toute la France sçait que MES DAMES, tantes du Roi, n'ont point quitté leur pere un moment pendant la cruelle maladie qui le dévoroit & dont il eſt mort : piété filiale d'autant plus héroïque, que ces Princeſſes n'avoient point encore eu la petite verole, & qu'elles la craignoient beaucoup : ce préambule eſt néceſſaire pour mon anecdote.

M. le Comte de *Falckenſtein*, dans la premiere viſite qu'il fit à MES DAMES, leur fit ce compliment à peu près : » Je » ſuis enchanté de pouvoir vous aſſurer de » vive voix, combien j'ai été pénétré » de la conduite que vous avez tenue » auprès de Louis XV. votre pere, que » j'aimois, & dont je reſpecterai toujours » la mémoire. Le ſacrifice généreux de » votre propre vie pour conſerver la » ſienne, eſt un trait du plus grand hé» roïſme à mes yeux ; il ne ſortira jamais » de mon eſprit. »

❖

QUELQUES jours avant de partir pour la France, l'Empereur ſe promenoit dans

un

un phaëton, ou eſpéce de *diable*, conduiſant lui-même ſes chevaux : il n'y avoit qu'un ſimple palfrenier derriere la voiture. A quelques diſtances de Vienne, un jeune garçon voulut monter, malgré lui par pluſieurs repriſes ; & toutes les fois il en fut empêché. L'Empereur s'appercevant de cette menée, demanda ce que c'étoit, le palfrenier lui expliqua la choſe : S. M. I. regarde le jeune homme, ſa figure lui plaît, elle le fait placer auprès d'elle.

Chemin faiſant, le Prince queſtionna l'inconnu ; après pluſieurs propos il lui tint celui-ci à peu près : » As-tu dîner ? oui, » Monſieur, répartit le quidam. — qu'as-tu » mangé, du bœuf ? *bien plus haut*, — » du mouton, *bien plus haut*, du veau, — » *bien plus haut*, du dindon, — *bien plus* » *haut*, j'ai mangé ajouta-t-il, du che- » vreuil ; fort bien dit l'Empereur. « Après un moment de réfléxion, il lui demanda avec qui il croit être ? avec un gros Bourgeois, répond l'inconnu. — *bien* » *plus haut*, riposte *Joſeph II.* — avec

» un Officier des Troupes. — *bien plus haut*, — avec un Seigneur de la Cour, » — *bien plus haut*, — avec un des Mi» nistres, *bien plus haut*; — enfin fort impa» tienté, il s'écrie, avec l'Empereur ! — » justement tu l'as deviné. »

Qui fut étonné, mon Lecteur le devine. Le quidam tout confus ne peut prononcer le mot. L'Empereur se plaît innocemment de son embarras; néanmoins il le fait descendre aux portes de la ville; & lui donne dix ducats d'Allemagne, ce qui fait argent de France 110 livres environ.

LA même personne a eu la bonté de me communiquer l'anecdote suivante; je ne sçais si ce n'est point une parodie de la premiere, mais je le soupçonne, non sans raison.

LE *Titus* des Germains se promenoit à pied dans la campagne, lors de la moisson; il rencontre un quidam qui le salue sans le connoître pour son Souverain. JOSEPH II, lui demande s'il veut l'accompagner : *je le veux bien*, dit celui-ci, après plusieurs propos ordinaires, mais dont on n'a pas eu connoissance par malheur, ils approchent tous deux d'un sentier qui coupoit la grande route : » Je dois aller » à cet endroit, voici mon chemin le plus » court, permettez de ne plus vous ac» compagner. *Je le veux bien*, dit l'Em» pereur, *mais* qui êtes vous? Je suis un » Garçon cordonnier, *repartit-il.*

Notre Illustre Voyageur, arrivé le soir à Vienne demande aux Seigneurs de sa Cour en plaisantant, de deviner un peu qui avoit été son compagnon de voyage dans la journée. » Les uns après les au» tres disoient, un Officier, — *bien plus* » *bas*, — un Bourgeois, — *bien plus* » *bas.*, — un Marchand, — *bien plus* » — *bas*, un Garçon cordonnier. Oui, » Messieurs, un Garçon cordonnier m'a » servi de Capitane des Gardes. S. M. I. » se tourna vers son grand Trésorier ; » & lui ordonna de faire porter à tel » Garçon cordonnier, demeurant dans tel

» quartier de la ville, en telle rue, la
» ſomme de *trois cens florins.* »

On ne ſe flatte point d'avoir conſigné dans ce recueil toutes les anecdotes de M. le Comte de *Falckenſtein*, on n'aſſure pas non plus que celles qui y ſont rapportées ſoient bien exactes; néanmoins nous penſons que le public nous ſçaura bon gré de les lui avoir conſervés; & nous croyons que cela étoit néceſſaire, fondés ſur le ſiſtême d'un grand politique de ce ſiécle, qui s'exprime ainſi.

» Quels Romans plus reſpectables &
» plus utiles que ceux qui tendent à inſpi-
» rer la vertu & l'affabilité aux hommes,
» faits par leur élévation pour en donner
» l'exemple. M. *Linguet*, N°. IV. *prem. vol. de ſes Annales.*

CHAPITRE IX.

L'AIGLE CHERCHANT JUPITER.

Imitation de l'Idylle de Monsieur CHIVOT, *en Grec, en Latin, en Italien & en Allemand.*

ROI des Oiseaux, que cherches-tu ?
Roi des Oiseaux quel sujet t'épouvante ?
Ta serre a déposé la foudre étincellante,
Qui peut Roi des Oiseaux étonner ta vertu ?

Ton œil fixa toujours le disque de lumière
Ton œil jadis de feu, paroît morne, affoibli.
Toi le Ministre aimé du grand Dieu du tonnerre
Parmi nos lys tu voles terre à terre,
Jupiter t'auroit-il banni,
Du Ciel ton séjour ordinaire ?
Dois-tu planer sur les roseaux
Et l'Aigle avec d'immenses ailes
Voudroit-il ressembler aux foibles hirondelles,
En n'effleurant que la terre & les Eaux ?
Dis quel grand intérêt dans nos climats t'amène ?

Je cherche Jupiter qui sous la forme humaine,
A voilé sa divinité ;
Il est parti cherchant la vérité ;

De l'Empire des Lys elle est la Souveraine.
Je cherche Jupiter près d'une belle Reine.
Et près de son Epoux, tendre, majestueux :
Je les ai reconnus à cet emblême heureux.
Le Lys avec la jeune rose,
Par la main d'amour enlassé.
Mais malgré mon zèle empressé,
Mon destin à mes vœux s'oppose,
Et Jupiter échappe à mes regards.

Consoles-toi, j'ai reconnu ton Maître,
Un Etranger parmi nos Arts,
Un Etranger vient de paroître !
Ton Prince est sans cortège il annonce un mortel,
Ce n'est que dans nos cœurs qu'il accepte un autel.

Pour l'œil curieux qui l'observe
Il sait moderer sa splendeur.
La France admire l'homme & non le Dieu vengeur,
Il a laissé son sceptre & sa foudre à Minerve.
Il savoure un plaisir bien doux ;
C'est celui de la bienfaisance,
Qu'il vient exercer parmi nous.
Sans étiquette, il a la noble bienséance,
Le Sage fait la loi, le rang fait la décence.

La douce Majesté s'annonce dans ses yeux ;
Nous ressentrons sa divine influence,
La présence d'un Dieu rend les mortels heureux.

Oui, je l'ai reconnu, c'est au superbe Louvre,
Simple dans sa grandeur & l'ami des Savans,
J'ai soulevé le voile qui le couvre,
Lorsqu'il soutenoit leurs élans.

Près des Muses j'ai cru que ton Maître est leur frère,
Lorsqu'il préside à leurs concerts,
Qu'il les honore & les éclaire,
Qu'il s'entend aux talens & sourit aux beaux vers.
Quand il vient observer les savantes manœuvres
Que dans nos bataillons enseignent nos guerriers
L'ouvrier se démasque en observant les œuvres,
J'ai cru que c'étoit Mars moissonnant des lauriers.

Je me trompois, c'est Jupiter lui-même,
Ou c'est un Dieu doué de son pouvoir suprême.
Mars n'aime point les vers, ni Phœbus les combats,
Joseph ou Jupiter se cache en nos climats.

Par M. Guibert, pensionnaire du Roi.

LES TROIS DIVINITÉS.

Reine de France & Reine des Amours,
Nous perdons votre auguste Frere,
Mais vous consacrez vos beaux jours
A remplacer ici ce héros qu'on révère :
Louis suit votre exemple, & vos cœurs généreux.
Vont bientôt par de nobles vœux
Disputer l'encens de la terre.

Par M. Guibert fils de Madame Guibert.

FABLE ALLÉGORIQUE.

Le voyage inutile.

Jeannot, lapin, paroissant affligé
De son petit sçavoir, en eut grande vergogne.
Le pauvre casernier dit donc à la cigogne :
» Commere, vous avez si longtems voyagé !
» Vous me feriez grand plaisir je l'assure,
» De me conter quelque belle aventure
» Des pays étrangers, des climats inconnus
» Que vous avez sans cesse parcourus.
» Commencez donc, voisine je vous prie,
» Des prodiges vous avez vus.

La Cigogne à ces mots de nommer la prairie,
Le champ & le marais, ou la nuit & le jour,
Le soir & le matin, elle avoit tour à tour
Mangé, croqué de grasses sauterelles;
Des vers exquis, des cirons délicats,
Et des grenouilles les plus belles,
Qui se trouvoient à chaque pas.
Ami lecteur! Je connois certain homme
Qui très-longtems a séjourné dans Rome:
Arrivé dans Paris, il narre de sang froid,
» On est bien, on est mal, Messieurs, dans tel endroit:
» Ici j'ai fait une chère admirable;
» Là bas j'ai bu du vin abominable;
» Par un soir je lorgnois une jeune beauté...;
» C'est voyager, je pense, avec utilité.

ENVOI DE L'AUTEUR.

*A Madame la Duchesse de C***.*

Non, ce n'est point ainsi, jeune & belle C**,
Que l'Empereur Joseph second
A voyagé dans notre France,
Il a voulu sçavoir, connaître tout,
Beaux Arts, Métiers, Militaire, Finance,
Gouvernement, esprit, modes & gout;
Je ne finirois pas, si je voulois décrire,
Tout ce qu'il observa: je me tais, & j'admire.

Par M. le Chevalier DUCOUDRAY.

JUPITER, MINERVE ET LA JARDINIERE.

Fable allégorique.

A LA REINE, en lui présentant des vers adressés A L'EMPEREUR.

JUPITER avoit quitté l'Olympe, & parcouroit les mondes divers sous la forme d'un mortel aimable. Les modestes vertus, l'observation silencieuse, la troupe des bienfaits composoient sa suite. Rien n'annonçoit la grandeur du Maître des Dieux; cependant à sa vue le respect & l'amour parloient à tous les cœurs.

La Déesse qui lui est si chère, Minerve, régnoit sur la Nation la plus favorisée du Destin : Jupiter vint recevoir ses tendres embrassemens, applaudir aux douces loix qu'elle faisoit aimer, & lui donner de nouveaux exemples à suivre. La réunion de ces Dieux justement adorés, changea la surface de la terre : les travaux suspendus , les plaisirs renaissans, & les chants du bonheur, tout rappelloit le siécle heureux d'Astrée. La timidité seule conservoit encore son empire sur le cœur d'une humble Citoyenne. Vouée à la fille de Jupiter par les vœux éternels de la reconnoissance , elle occupoit ses innocentes mains à former des guirlandes , & cultivoit dans le silence les fleurs dont elles étoient composées.

La présence du plus grand des Dieux pénétra son ame d'une douce joie : ses lèvres tremblantes voulurent l'exprimer ; mais la foule bruyante d'un Peuple enchanté , l'éclat sonore de la trompette héroïque , surmontoient les sons de sa foible voix... Ah ! ne perdons pas, dit-elle , le seul bien que laisse l'infortune, l'espérance consolante ; courons à la Déesse que je sers ; que des fleurs cultivées sous un ciel pur , que le souffle envenimé des passions n'a put jamais ternir, soient offertes en hommage au Dieu puissant que l'Univers révère. Que la

Déesse répande sur ces dons agrestes le charme dont elle embellit ses moindres bienfaits, que ses divines mains présentent mon offrande, & qu'un sourire de Jupiter en devienne le prix.

O pouvoir d'une vertueuse confiance ! Minerve offre les fleurs ; le Maître des Dieux les reçoit, & l'aimable indulgence les suspend au Temple de l'Immortalité.

Par Madame de Montanclos.

A L'EMPEREUR.

Enfin vous offrez à mes yeux
Ce Prince que la renommée
A fait l'objet de tous les vœux :
Sans craindre d'en être blâmée
Je brûlois de vous voir ; & jusqu'en ces climats
Que le Danube embellit & féconde,
Pour vous trouver j'eusse porté mes pas :
On doit chercher Titus jusques au bout du monde ;
Mais le sort, ce Dieu destructeur
De tout projet sage ou flatteur,

Sut aux élans de ma pensée
Opposer un pouvoir vainqueur :
Par la fortune délaissée
Je boudois dans un coin, oubliant le bonheur :
Vous paroissez, je le retrouve,
A votre aspect il s'offre à moi ;
Dans cet instant mon cœur éprouve
Que ce bonheur, que l'on croit loin de soi,
Le sentiment seul le découvre.
J'écoute chaque jour avec avidité,
De vos vertus, de vos mœurs, de votre ame,
Les rapports que la verité
Fait si naïvement, alors qu'on la réclame.
Malgré mon sexe feminin,
Nouveau Plutarque, je compare
Ce que le ciel offrit de rare
Dans le règne Grec & Romain.
Aprés avoir exercé ma mémoire
Sur des mortels rendus fameux
Par les bienfaits ou par la gloire,
Mon cœur préfére votre histoire,
Que m'apprend un peuple d'heureux.
Que l'Europe à son tour choisisse ;
Philosophe par goût, je ne m'oppose à rien :
Mais, pourrois-je douter qu'elle ne m'applau-
disse ?
Vous êtes son Héros, elle vous fit le mien.

Par la même.

CHAPITRE X.

Toulouse, Lyon, Geneve.

Ce n'est pas notre faute, si nous n'avons rien à rapporter de ce qui s'est passé à *Toulouse*, lors du séjour de M. le Comte de *Falckenstein* dans cette Ville, néanmoins nous avons eu l'honneur d'écrire à M. le premier Capitoul & au Sécretaire de l'Académie des *Jeux Floraux*. Peut-être serons-nous plus heureux à la seconde édition de cette Brochure, dont le titre seul fait tout le mérite ; si nous recevons réponse de ces *Messieurs*, nous en rendront compte aux Lecteurs.

Quant à présent je ne puis que rapporter le quatrain suivant.

Vers à M. le Comte de Falckenstein, lors de son passage à Toulouse.

Vous prétendez envain prolonger notre erreur :
Tout décèle un secret dont vous n'êtes plus maître :
Ce modeste appareil nous cache l'EMPEREUR ;
Mais vos bienfaits le font connoître.

Le Lecteur sans doute trouvera fort étonnant, ainsi que nous, que dans une ville telle que *Toulouse*, où il devoit pleuvoir des vers, l'hommage poëtique rendu à M. le Comte de *Falckenstein*, se réduise à un quatrain.

Comme cet article n'est point à sa vraie place, le hasard nous a été favorable ; enfin nous avons été assez heureux pour trouver des détails extraits de plusieurs lettres de particuliers.

Extrait de plusieurs Lettres.

» .... M. le Comte de *Falckenstein*, arriva à Toulouse le Samedi 28 Juin à quatre heures après-midi, & fut descendre à l'Hôtel public du grand *Soleil*, rue Croix Baragnon. Madame *Daumont*, belle femme, propriétaire de l'Hôtel, s'étant avancée comme pour l'aider à descendre de sa voiture ; ce Prince accepta sa main, la remercia, & cette prévenance facile de son Hôtesse le fit sourire. Il monta dans la chambre, où il se casa lui-même ; peu de tems après, il dina avec M. de

Cobbenzell, qui l'attendoit depuis trois jours à Toulouſe, & M. *Colloredo*, qui étoit arrivé avec lui. Après le dîner M. le Comte prit la voiture, & le laquais de Madame Daumont, & ſe fit conduire à l'Archevêché, où il s'occupa juſqu'à huit heures à recevoir de Monſeigneur l'Archevêque des renſeignemens ſur tout ce qui concerne la Province de Languedoc. Un Ingénieur qui ſe trouva là, & qui avoit des plans dans ſes poches, preſſa beaucoup S. M. I. d'accepter ceux du canal de Languedoc; elle les reçut, & le lendemain matin elle les laiſſa en partant, & ordonna qu'il fuſſent rendus à l'Ingénieur.

Au ſortir de cette conférence, Monſeigneur l'Archevêque dit à M. le Comte qu'il y avoit dans les appartemens pluſieurs perſonnes des plus qualifiées de la ville, qui demandoient & attendoient avec impatience, l'honneur de le ſaluer: il y monta, & ne put s'empêcher de faire paroître combien il étoit étonné du nombre des graces, & de la parure des

femmes

femmes. Il accueillit, & dit les choſes les plus flatteuſes à Madame la Préſidente de *Sauveterre*, qui lui fut préſentée par Monſeigneur l'Archevêque. La figure & l'eſprit de cette Dame lui plurent infiniment, & il parut déſirer de connoître M. le Préſident de *Sauveterre*, homme de beaucoup d'eſprit, d'une force d'ame peu commune, & jouiſſant dans ſa Province d'une réputation juſtement méritée.

M. le Comte de *Falckenſtein* ſortit de l'Archevêché à neuf heures du ſoir, & ſe coucha peu de moments après être arrivé à ſon auberge. Il ſe leva le lendemain à cinq heures du matin, & fût voir le fameux pont qui s'étend ſur la Garonne, & joint le Fauxbourg Saint Ciprien à la Ville. De-là il fut à l'écluſe du canal de Brienne, ouvrage nouveau, d'une importance & d'une ſolidité qui font eſpérer que les ages les plus reculés connoîtront, comme nous, combien le Paſteur qui ſiégeoit à Toulouſe, lors du paſſage de l'Empéreur JOSEPH II, aimoit ſes ouailles d'un amour bienfaiſant , & combien ſes vues étoient grandes , & utiles.

» Après avoir vû l'Ecluſe & le Canal de Brienne , ce Prince fut à çet endroit célébre où la Garonne mêle ſes eaux à celles du canal , a ce pont qui joint l'Ocean à la Méditerranée. »

M. le Comte de *Falckenſtein* ne rentra plus dans la Ville de Toulouſe, quoique les Capitouls l'attendiſſent ſur la place Royale , depuis cinq heures du matin , pour lui rendre les honneurs , & que les Académiciens des Jeux Floraux fuſſent aſſemblés depuis la même hèure , dans l'eſpoir que l'Empereur voudroit bien honnorer de ſa préſence les jardins de *Dame* CLEMENCE. Il ſuivit les murs de la Ville , & arriva à la porte Saint Etienne à huit heures. Là il dit les choſes les plus flateuſes & les mieux méritées à l'Archevêque , qui l'avoit toujours accompagné , après quoi il monta dans ſa voiture & partit. »

N. B. Le court séjour que M. le Comte de *Falckenstein* a fait à Toulouse a empêché les Toulousains de nous donner plusieurs de ces productions ingénieuses qui ne naissent que sur les bords de la Garonne, & qui devoient abonder dans cette occasion. La gaieté folâtre, & l'esprit facile de ce peuple sont de surs garants, que tout ce que nous aurions reçu de cette source eût été agréable & picquant ; la perte est réelle.

Le seul ouvrage qui nous a été envoyé est le quatrain cité ci-devant.

On nous a assuré que M. le Comte de *Falckenstein* passant à Caraman près de Toulouse, le postillon de la poste, comme pour lui faire honneur, renversa dans le fossé une petite voiture qui se trouvoit sur le chemin, & que ce Prince, bien loin de lui en sçavoir bon gré, le tança vivement & le menaça même de le faire punir.

Cette anecdote est une preuve de la

bonté d'ame de ce Souverain, & de son humanité.

M. le Comte de *Falckenstein* est arrivé à Lyon le 9 de Juillet, il y est resté trois jours ; ce que cet Illustre Voyageur semble avoir préféré dans cette ville, ce furent les atteliers de tous les genres : & a parcouru pendant une après-dîner, les travaux de la Ville neuve, projettés & exécutés par le sieur *Poïrache*, qui a eu l'honneur de l'accompagner.

Ce Prince n'a reçu la visite d'aucun corps, & se portant partout en simple particulier, il n'a vu que le commandant, ses banquiers & le Lieutenant-Général de Police.

Nous apprenons à l'instant une anecdote dont nous allons régaller le Lecteur. M. le Comte de *Falckenstein* s'est peu montré dans cette Ville ; un Officier municipal lui ayant demandé s'il honnoreroit le spectacle de sa présence, il lui répondit :

» Je ſuis venu à Lyon pour voir les Fa-
» briques & non la Comédie. »

S. M. I, eſt partie de Lyon le 12 Juillet pour Verſoy & Genève ; elle a dû ſe rendre à Vienne par la Suiſſe & Fribourg en Briſgaw ; on aſſure même qu'elle devoit ſe trouver le 10 d'Août à un camp en Styrie l'*incognito*, dans lequel ce Prince a voyagé l'a débaraſſé de l'ennui de l'étiquette & des honneurs. Elle a ſçu mettre à profit le tems qu'elle a employé à traverſer la France. Je puis dire à mes concitoyens, (ſurtout pour la poſtérité) que l'Illuſtre Voyageur, connu ſous le nom de Comte de *Falckenſtein*, eſt JOSEPH II. Empereur d'Allemagne, heureuſement regnant.

M. le Comte de *Falckenſtein* devoit s'arrêter à *Ferney*, mais ayant appris les préparatifs des fêtes que l'on y faiſoit pour le recevoir : cela fut cauſe que notre Illuſtre Voyageur n'honora point de ſa viſite le Sophocle Français.

Nos prétendus politiques ont parlé diverſement ſur ce que M. le Comte de *Falckenſtein* n'avoit point été voir ce célèbre Philoſophe de *Ferney*, ainſi que je l'avois annoncé : le redacteur du Courier de l'Europe n'a point laiſſé ſurtout échapper cette occaſion de dire ſon bon mot, de placer ſon Anecdote que je me hate de tranſcrire. » On ſçait que cet Illuſtre » Voyageur ne s'eſt pas arrêté à *Ferney*, » quoiqu'il ait paſſé au bas de la terraſſe » de ce Château, & quoique le poſtillon » ralentiſſant la courſe de ſes chevaux, » ait affecté de répeter pluſieurs fois, *voila le Château de Ferney*, N°. 19, le » Gazetier *hermaphrodite* voudroit faire entendre que notre *Illuſtre Voyageur* a dédaigné rendre viſite à M. de *Voltaire*, cet homme célébre que tout le monde brûle de voir. Quelles vues politiques auroient donc pu retenir M. le Comte de *Falckenſtein* ? Auroit-ce été par ménagement pour les Princes de l'Europe... pour les Puiſſances étrangeres ?.. point du tout. Une lettre que nous avons eu le bonheur de recevoir, va ſatisfaire entierement nos lecteurs.

❧

LETTRE DE M. DE VOLTAIRE.

A M. LE CHEVALIER DU COUDRAY.

Les extrêmes ſouffrances, Monſieur, auxquelles mon grand âge & mes maladies me condamnent, ne m'ont pas permis de vous remercier plûtôt de votre très-agréable préſ[illegible]. Elles m'auroient empêché de même de me préſenter devant votre Illuſtre Voyageur; mais je n'ai pas été à portée de lui faire ma cour. Il eût un peu d'humeur depuis Genève juſqu'en Suiſſe; & cette humeur étoit bien juſte. Un jeune Officier Genevois, à cheval, courut à la portiere de ſon caroſſe, & le regarda ſous le nez pendant deux lieues, quoiqu'on lui put dire pour le faire retirer.

Deux autres furent encore plus familiers, ils arrêterent ſes chevaux, lui demanderent où il alloit, & s'il ne viendroit pas boire un coup à Ferney. Ces cordialités lui déplurent un peu : il ne voulut pas même coucher à Genève, il ne vit personne & partit

Monsieur a fait un voyage beaucoup plus agréable dans nos Provinces. Il a reçu avec beaucoup de complaisance & d'affabilité les fêtes charmantes qu'on lui a données. Elles sont dignes d'être décrites par vous.

J'ai l'honneur d'être avec tous les sentimens que je vous dois, Monsieur,

Votre très-humble, très-obéissant serviteur, Voltaire.

9 *Auguste* 1777, *à Ferney.*

On voit encore par cette lettre, quelles sont les raisons qui ont privé M. de *Voltaire* du bonheur de voir & de faire sa Cour à notre *Illustre Voyageur* ; & combien il y a peu de fond à faire sur ce que dit & recueille le rédacteur du *Courier de l'Europe*, qui se permet souvent une liberté indécente, pour ne pas dire une licence effrénée que la sagesse du Gouvernement Français reprimera tôt ou tard.

Joseph

ſ JOSEPH II, a gardé le plus grand *incognito* pendant ſon ſéjour à Paris, juſques-là que ce Prince n'a voulu recevoir les viſites de perſonne, & il a été voir tout le monde dans notre Capitale. Il étoit partout, & on ne le voyoit nulle part: ſemblable à la Divinité, il ne ſe manifeſtoit que par des bienfaits quoique S. M. I. ait fait tout ce qu'elle a pu pour ſe dépouiller de ſa grandeur; elle n'auroit pu empêcher qu'elle ne le décelât quelquefois malgré elle.

⁂

Croira-t-on qu'il exiſte dans la République des lettres, un homme qui a oſé dire & conſigner dans ſon journal, que l'on ne connoit point, & que j'ai lû par par hazard, *qu'il étoit inutile d'imprimer ces Anecdotes*. O blaſphême! il eſt digne du défenſeur de nos *Sophiſtes* modernes.

⁂

Cette relation ne ſéduira point le lecteur, ni par la beauté du ſtyle, ni par le charme du récit: mais cet opuſcule avoit-il besoin d'ornement, la vérité se montre toute nue : je suis un Militaire qui écrit comme il pense, c'est-à-dire, franchement. Au reste, je suis trop content d'avoir eu le bonheur d'être le premier qui ait songé à former un recueil des traits de générosité, bienfaisance & humanité de l'Empereur. Ce recueil a paru, a été vendu & se vend encore.

Vienne, le 2 Août.

» L'Empereur jouissant d'une santé parfaite est de retour de son voyage en France, où il a inspiré partout les sentimens de vénération & d'amour dont les sujets de son Empire sont depuis longtems pénétrés. S. M. I. est arrivée à Schoenbrunn le premier de ce mois. »

Gazette de France N°. 65.

Fin de la Relation.

CHAPITRE XI.

Piéces détachées.

MONSIEUR,

» JE verrai avec plaisir la nouvelle édition que vous allez donner de l'Itinéraire du Voyageur Illustre, que vous n'avez point encore perdu un moment de vue. L'empressement qu'on a de recueillir tout ce qui émane d'un Prince si intéressant, vous vengera, je pense suffisamment de la critique qu'on a osé se permettre de vos talents & de votre goût en matiére de Littérature. »

» Un recueil livré à la hâte & presque malgré vous pour contenter l'avidité du Public, ne devoit pas, ce semble, être jugé avec la même sévérité qu'un ouvrage de génie. Au reste, votre nouvelle édition prouvera sans doute que vous sçavez mettre à vos productions les assaisonnemens convenables quand on vous en donnera le tems ; & c'eſt tout ce qu'il faudra pour votre juſtification. »

» Je ne puis en particulier que louer votre zèle à faire connoître les bons Princes qui honorent notre ſiécle. L'Hiſtoire de leur vie privée peut fournir de meilleures leçons aux Maitres de la terre, que celle de leurs conquêtes & de leurs exploits les plus fameux. D'ailleurs, combien de grands hommes, dont le ſouvenir feroit effacé, ſi quelques traits de bonté ne nous euſſent conſervé leur mémoire ! Tel feroit un ancien Roi Gaulois (Ambigate, Roi de Bourges) dont le nom n'eſt parvenu juſqu'à nous, qu'à la faveur d'une anecdote remarquable de ſa vie privée. »

» PUISSENT tous les Souverains de l'Europe ſe modéler ſur le Prince que vous rendez ſi cher à toutes les Nations ! Imbu des principes d'une ſaine philoſophie, il ne met point ſa gloire à compter des triomphes obtenus au prix du ſang de ſes Sujets ; mais à les gouverner avec ſageſſe, à leur aquérir des connoiſſances & à les rendre heureux. »

Je ſuis avec toute la conſidération qui vous eſt due,

Monſieur,

Votre très-humble &
très-obéiſſant Serviteur,
DARBAU, *Avocat*
au Parlement.

AMBIGATE.

ANECDOTE HISTORIQUE (*)

AMBIGATE est connu pour être un de ces Rois
Qui jadis ont régné sur le peuple Gaulois ;
Ses hauts faits ne sont point consignés dans
l'histoire,
Mais le trait que voici consacrant sa mémoire,
Nous montre quels étoient les Princes d'autre-
fois.

Tous les ans ce Monarque, aussi cheri que sage,
Au retour du printems parcouroit ses Etats ;
Alors pour l'accueillir, chacun à son passage,
Lui préparoit des jeux, des présens, des repas.
Du Seigneur, du Druide il acceptoit l'hommage,
Lorsqu'un bon paysan se présente à son tour,
Et demande par grace à lui faire sa cour.
Le campagnard courbé sous le poids du grand
âge,

(*) C'est l'anecdote indiquée par la lettre de M. Dareau : nous la laissons dans sa simplicité de style convenable au bon vieux tems auquel elle se rapporte.

Approche avec respect & lui tient ce langage :
» Sire, j'ai mon logis dans le petit hameau,
» D'où Votre Majesté voit venir ce troupeau.
» J'habite la maison la plus près du grand orme,
» Que vous voyez planté sur cette plate-forme ;
» Sous ce rustique toît c'est là qu'à mon réveil.
» Je reçois en tout tems les regards du Soleil,
» Cet Astre ainsi que vous qui portez la Couronne,
» A tous est bienfaisant, ne méprise personne :
» Pour moi ce seroit donc un honneur sans pareil,
» Si passant par ici, grand Roi, dans ma demeure
» Vous vouliez bien entrer vous reposer une heure :
» J'oserois instamment vous prier d'y venir,
» Et d'un trait si marqué de votre complaisance,
» Mes enfans garderoient long-tems le souvenir.
» Quoique fort loin de moi réside l'opulence,
» Je ne suis pourtant pas en proie à l'indigence ;
» Sans avoir beaucoup d'or, & sans être un Seigneur,
» Ce que je puis donner je l'offre de bon cœur.
» Un repas innocent que mon épouse apprête,
» Pourra si vous voulez, nous tenir lieu de fête.
» Tout est propre chez moi, les meubles éclaircis ;

La chambre balayée & les murs bien blanchis.
» La maison, il est vrai, n'est point d'un vaste espace,
» Mais Ambigate au rang où ses vertus l'ont mis,
» Occupe quand il veut beaucoup ou moins de place.

Le Roi, qui l'auroit cru, pour complaire au vieillard,
D'un champêtre festin alla prendre sa part.
On lui servit d'abord ce qu'on sert en ménage,
Puis des fruits & du miel; & du lait pour breuvage.
Quoiqu'il en soit, dit-on, tout fut trouvé parfait,
Il embrassa son hôte & partit satisfait.

Le même jour le Prince en son cours de voyage,
Fut prié de souper chez un puissant Seigneur;
Et comme en lui versant de bon vin d'Italie,
On en vantoit sans fin le goût & la couleur,
Pour faire allusion à la pâle liqueur,
Dont la table du rustre avoit été servie:
» Oui, répondit le Roi, c'est du lait que j'ai bû;
» Cette douce boisson étoit pour moi l'image
» De l'aimable candeur que l'on trouve au village;

» D'ailleurs je suis content, ce bon vieillard m'a
plu ;
» Que devois-je chez lui demander d'avantage?
» Pour moi cet honnête-homme a fait ce qu'il
a pu.

⁂

IMPROMPTU.

Sur l'arrivée du Héros, dont on a baisé tant de fois le nom sacré dans les papiers publics.

Quel est ce voyageur, dont les simples dehors,
Annoncent la bonté d'un Grand qui s'humilie?
Au digne emploi qu'il fait du tems & des trésors,
Toujours il se dévoile — & jamais ne s'oublie.

N. B. Ce quatrain fait à la barrière au moment que l'Empereur entroit dans Paris, est le premier hommage en vers que Sa Majesté Impériale y ait reçu, par M. l'Abbé Delaunay.

EXTRAIT D'UNE LETTRE DE FAMILLE.

» L'OBJET de votre recueil, comme vous l'avez dit, cher frere (*), a été de témoigner publiquement l'estime d'un bon Français, d'un Français dans toute l'étendue du terme, pour un Souverain qui montre, tant à Paris qu'à Vienne, de la générosité, de la bienfaisance, de l'humanité, de la sensibilité & de la bonté d'ame, en cela digne de l'admiration de tout l'Univers.

» Je pense, cher frere, que votre ouvrage peut devenir utile à l'éducation de la jeunesse, je ne serai point du tout étonné, s'il devenoit un jour *livre classique* ou dumoins, *livre d'école*. Pourquoi ne point faire lire à la tendre enfance une

(*) M. le Marquis de Gordon, ancien Officier des Gardes du Roi, a épousé la sœur de l'Auteur.

collection de faits historiques, à l'avantage d'un Souverain ? Or, j'appuie mon sentiment sur celui d'un fameux politique de ce siécle, » les traits qui annon» cent de la bonté dans les Princes, dit» il, encore une fois ne peuvent être » trop connus. » N°. IV.

Encore une fois si M. *Linguet* fait des annales civiles & littéraires, vous avez composé celles de la bienfaisance Royale. Votre sœur n'a pu lire les Anecdotes de l'Empereut sans pleurer, ainsi que mes deux filles.

» Recevez notre compliment, cher frere, sur le précienx présent dont vous a honoré l'Empereur; le bruit se répand en notre ville (*Aubenas*) que S. M. I. vous a envoyé son portrait, &c.

VERS

A M. LE CHEVALIER DUCOUDRAY.

Sur le départ de Sa Majesté Impériale.

IL est temps, Ducoudray, que je fasse retraite.
Ces lieux où j'accordois autrefois ma musette
N'offrent plus à mon œil qu'épines, que chardons;
Et voila le sujet qui reste à mes chansons.
Les beaux jours sont passés... ces jours pleins d'allégresse,
Où les fils d'Apollon sur les bords du Permesse,
Jouant avec leurs sœurs à l'ombre des roseaux
Et s'abreuvant en paix du cristal de ses eaux,
Cueilloient, à pleines mains, de ces fleurs printannieres,
Que ce fleuve arrosoit de ses ondes légères.
A présent que JOSEPH abandonne ces lieux,
La gaîté disparoit... tout devient ennuyeux...
Un jour pâle succède... & la nuit sans étoiles,
Couvre le firmament de ses plus sombres voiles.
Tu viens, cher D.... zélé comme autrefois,
M'engager à saisir la flûte & le hautbois;
Tandis que les oiseaux, dans les jardins de flore,
De leurs chants variés n'annoncent plus l'aurore

Mais quel eſpoir me touche ? & vient nous
consoler !
Hiver, Printems, automne, hâtez vous de couler;
Ramenez promptement cette ſaiſon tardive,
Qui doit montrer ce Prince encore ſur notre rive.
Voyageur couronné, toi qui ſuis tes ayeux;
Et qui prends le chemin de la gloire & des cieux,
Tu calmes nos regrets, lorſqu'en quittant la
France,
De ton heureux retour, tu donnes l'eſpérance.

Par Madame BOURETTE,
la Muſe Limonadiere.

EXCUSE DE L'AUTEUR.

PRINCE! de te chanter en proſe comme en vers,
De célébrer ton nom dans ce vaſte univers,
D'y conſacrer tes faits ſi j'ai pris la licence,
J'oſe implorer en ce jour ta bonté.
Ainſi que ta complaiſance
Je ſçais que c'eſt encore trop grande liberté,
Pour chanter un JOSEPH, il faut être un *Horace*.
Tu dois me pardonner cette orgueilleuſe audace,
Surtout en ma qualité,
De nourriſſon du Parnaſſe.
Tu dois paſſer l'eſprit, & regarder le cœur,
Louer le citoyen & cenſurer l'Auteur.
O moderne *Titus*! en te rendant hommage
J'ai voulu célébrer un Philoſophe, un Sage,
Un. . . Un Roi, vraiment Roi, digne de la couronne
Par ſa naiſſance, & plus par ſa perſonne.
Du malheureux comblant tous les ſouhaits,
Comptant enfin ſes jours par ſes bienfaits.

QUATRAIN.

Relatif au moment où la REINE versa des pleurs, lors d'une representation D'ALCESTE.

ANTOINETTE est dans les allarmes
Elle est au comble des desirs :
Se peut-il que les vrais plaisirs,
Presque toujours coutent des larmes ?

Par M. BELLIGNY.

Vers à L'EMPEREUR, lors de son passage à Nimes.

Vous qui voyez sans pompe, dans ces lieux,
Ce Potentat que partout on renomme,
Pourquoi lui vantez-vous ces portiques fameux,
Débris de la grandeur des Romains vos Ayeux!
Comme le sage, il vient observer l'homme.
Ces monumens, objets de vanité,
Sont de faibles garants de l'immortalité,
Pour s'assûrer un nom moins périssable
Nouveau Titus, il s'empresse aujourd'hui
D'élever dans nos cœurs un temple plus durable
Et son Auguste sœur le partage avec lui.

Par un Magistrat de la Ville

CHAPITRE DERNIER.

C'EST avec plaisir que nous nous empressons d'insérer dans notre recueil un extrait, qui, non sans beaucoup de peine, nous est parvenu, d'un discours sur l'utilité *& les avantages des monumens publics dans tous les genres* : ouvrage qui doit être adressé à l'Académie des Sciences, Inscriptions & Belles-Lettres de Saint-Pétersbourg, par *M. l'Abbé de Lubersac, &c.*

Cet estimable Auteur, après avoir exposé tous les avantages que les monumens publics présentent aux peuples & aux Souverains pour leur servir d'exemples dans tous les genres, parcourt, d'un style également sublime & rapide, l'historique des Russies, depuis *Ruvick*, leur premier Roi, & fondateur, jusqu'au Czar Pierre Ier., Prince célèbre, qu'on peut

regarder

regarder comme le créateur même de ce vaste Empire.

L'Orateur semble encore s'arrêter avec complaisance sur les voyages que ce grand Prince entreprit pour s'instruire des grands principes d'une sage administration : c'est en France qu'il vient chercher, pour ainsi dire, des loix, & y puiser les connoissances qui, dans tous les genres, peuvent éclairer l'homme & le rendre heureux. De retour dans ses Etats, le Souverain s'occupe aussitôt à faire l'application de tout ce qu'il a vu, de tout ce qu'il s'est approprié pour le bonheur de ses peuples, & la prospérité de son Empire.

» C'est ainsi, ajoute l'Orateur, que les Princes étrangers, qui, à l'exemple du *Czar Pierre*, veulent régner avec sagesse sur leurs sujets, entreprennent des voyages toujours pénibles, mais utiles. »

Par une application également heureuse & naturelle, l'Auteur du discours semble annoncer à tout l'Univers que le même desir de s'instruire dans le grand art de régner vient de ſe manifeſter d'une maniere particuliere dans la perſonne Auguſte de *Joſeph II*, Empereur d'Allemagne.

L'extrait de ce voyage, puiſé dans ce diſcours même, ne pourra qu'intéreſſer nos lecteurs, qui nous ſçauront gré de nos recherches.

» Ce Monarque, ſous le nom de Comte de *Falckenſtein*, arrive dans notre Capitale, que l'affluence des étrangers & des nationaux rend en quelque ſorte la métropole du monde entier : ſa population immenſe & agiſſante l'étonne : il en pénètre les cauſes & juge les effets : d'abord il ſe livre à connoître toutes les branches de notre adminiſtration, nos prérogatives, nos libertés, nos mœurs, nos uſages, nos gouts dominans même, nos loix fondamentales, nos réglemens particuliers ; viſite nos tribunaux où ſiegent les interprètes des loix, des volontés du Prince, & des intérêts des particuliers.

Après avoir rendu hommage à l'Eternel aux pieds de ſes tabernacles dans notre auguſte & Sainte Métropole, il entre dans un azyle aſſuré, ouvert nuit & jour à l'enfance abandonnée : là il voit un peuple de meres toujours diſpoſées à donner leur ſein à des êtres naiſſans, qu'elles adoptent tout auſſi-tôt pour leurs propres enfans. Aux côtés de ce berceau national, deſtiné à la foibleſſe indigente, le Prince humain apperçoit un ſecond réceptacle également ouvert à la pauvreté ſouffrante & accablée par la miſere ſouvent la plus humiliante & la plus douloureuſe : il veut encore parcourir les nombreuſes ſales de cette maiſon fondée par la généroſité de nos Rois & celle de nos citoyens riches & charitables : c'eſt dans ce temple de la douleur qu'il voit diſtribuer tous les ſecours ſpirituels & temporels à plus de quatre mille individus malheureux, ſans diſtinction d'âge, de ſexe, de rang, de relig'on, de ptrie même.

Mais un édifice ſacré, qui par ſon élévation ſemble ſe perdre dans les airs, frappe les regards de ce Souverain étranger : ce n'eſt point une citadelle redoutable qu'il va viſiter, c'eſt plutôt un vaſte tombeau conſacré à la valeur. Il entre, non ſans émotion, ſous les voutes majeſtueuſes, habitées par des reſtes infortunés de bataillons, échappés au carnage, autrefois la gloire & l'honneur de l'Empire des Lys.

» De ce temple vénérable, unique dans l'Univers, & élevé par le plus grand de nos Rois, ce Souverain porte ſes pas au palais de nos Princes : il en parcourt les galleries immenſes, où ſont en dépôt la repréſentation exacte & en relief de nos Villes frontieres & principales places fortes étrangeres ; enſuite il viſite dans ce même palais ces aſſemblées auguſtes, les aréopages de ſçavans, ces tribunaux où l'on juge ſans appel les productions en tous genres du génie & du goût : de-là il paſſe au *Muſæum* univerſel le plus vaſte

& le plus riche de la terre, qui contient les ouvrages de tous les sçavans & des hommes célèbres qui depuis le commencement du monde ont éclairé la raison sur tous les objets possibles. »

» C'est au temple du goût & à celui de l'harmonie, où l'âme sublime de ce Prince va éprouver de nouvelles sensations plus intéressantes encore : c'est en présence d'un peuple immense & d'élite qu'il apprendra & s'assurera qu'un grand Prince peut compter pour autant de sujets, des hommes, de quelque nation qu'ils soient ; toujours yvres d'allégresse quand ils voient un Prince modeste qui daigne se confondre parmi eux.

C'est donc à nos spectacles, Messieurs, que ce Prince capable de gouter & d'apprécier les efforts du génie, applaudit aux chef-d'œuvres de nos Auteurs Dramatiques, qui tour-à-tour lui sont présentés en action. Rien ne l'étonne, sans doute, parce qu'il est lui-même au niveau du grand & du sublime ; mais son âme & ses ſens jouiſſent avec raviſſement de tout ce qu'il entend, de tout ce qu'il voit, & il ne peut refuſer des éloges aux génies créateurs, éloges dont l'application eſt ſi bien ſentie de ſa part qu'ils tournent au même inſtant à ſa propre gloire.

» Ce Prince curieux, ami des Arts & protecteur des Artiſtes, ſe tranſporte également dans les atelliers des plus fameux Artiſtes dans tous les genres, contemple leurs ouvrages, en ſaiſit l'intention, en apprécie le mérite, & prononce même des jugemens tels qu'un Artiſte expérimenté pourroit le faire; enfin ne quitte jamais l'atellier ſans donner des marques de ſa ſatisfaction en applaudiſſant au talent de celui qui exécute ſous ſes yeux: que ne doit-on pas attendre des Appelles du ſiecle, quand ils ont été viſités & encouragés par les Alexandres régnans?

Enfin, Meſſieurs, rien n'a échappé à la pénétration *de Joſeph Empereur*, à ſon activité, à ſes gouts pour le ſolide, l'utile & le grand: tout ce qui a pu être réverſible au bien de l'humanité, il ſe l'eſt approprié, en ſe montrant ſemblable à ces êtres induſtrieux, les abeilles, qui mettent à contribution une terre ſouvent étrangere à leur patrie, vont pomper les ſucs divers des plantes douces & odoriférantes qui la couvrent, forment des magaſins du produit de cette abondante récolte & enrichiſſent ainſi leur République par leurs courſes utiles & leurs travaux continuels.

AUX LECTEURS.

Le zèle que nous avons fait éclater en recueillant & en publiant les anecdotes de M. le Comte de *Falckenſtein*, & tout ce qu'on a fait d'agréable pour célébrer cet Illuſtre *Voyageur*, a excité la petite colére du rédacteur du Courier de l'Europe ; nous ſommes très-perſuadés que beaucoup de gens de Lettres ſe ſeroient mieux acquités de cette tâche ; mais eſt-il juste de nous faire un crime de notre bonne volonté ? Le Rédacteur *Anglo-François*, ou *Gallo-Anglois* ; (car il est *Métis* des deux Nations) nous reproche d'avoir pillé son *Courier*, pour composer cette Brochure ; & certes il a raison : car les cinq ou six anecdotes qu'il nous a fournies sont fausses, & nous aurons soin de les retrancher à la troisiéme édition que nous préparons ; nous avions mérité d'être maltraité par ce Gazetier, en ôsant le démentir sur ce qu'il rapporte au sujet de la visite de M. le Comte de *Falckenstein* à l'Hôtel-Dieu de Paris ; c'en est assez pour n'être pas de ses amis.

Fin de la seconde & derniere Partie.

APPROBATION

J'AI lû par ordre de Monseigneur le Garde des Sceaux, *la seconde Partie des Anecdotes de* L'ILLUSTRE VOYAGEUR, qui m'a paru devoir justifier & confirmer de plus en plus l'amour & le respect, qu'a inspiré pour lui à notre Nation l'Auguste Monarque, dont le voyage y a donné lieu. Rien d'ailleurs n'empêche d'en permettre l'impression, à Paris ce 21 Août 1777.

D'HERMILLY.